Michael Dente

De l'imprévu vers la volonté de Dieu

Michael Dente

De l'imprévu vers la volonté de Dieu

Méditations pour la vie moderne et parfois chaotique

Éditions Croix du Salut

Impressum / Mentions légales
Bibliografische Information der Deutschen Nationalbibliothek: Die Deutsche Nationalbibliothek verzeichnet diese Publikation in der Deutschen Nationalbibliografie; detaillierte bibliografische Daten sind im Internet über http://dnb.d-nb.de abrufbar.
Alle in diesem Buch genannten Marken und Produktnamen unterliegen warenzeichen-, marken- oder patentrechtlichem Schutz bzw. sind Warenzeichen oder eingetragene Warenzeichen der jeweiligen Inhaber. Die Wiedergabe von Marken, Produktnamen, Gebrauchsnamen, Handelsnamen, Warenbezeichnungen u.s.w. in diesem Werk berechtigt auch ohne besondere Kennzeichnung nicht zu der Annahme, dass solche Namen im Sinne der Warenzeichen- und Markenschutzgesetzgebung als frei zu betrachten wären und daher von jedermann benutzt werden dürften.

Information bibliographique publiée par la Deutsche Nationalbibliothek: La Deutsche Nationalbibliothek inscrit cette publication à la Deutsche Nationalbibliografie; des données bibliographiques détaillées sont disponibles sur internet à l'adresse http://dnb.d-nb.de.
Toutes marques et noms de produits mentionnés dans ce livre demeurent sous la protection des marques, des marques déposées et des brevets, et sont des marques ou des marques déposées de leurs détenteurs respectifs. L'utilisation des marques, noms de produits, noms communs, noms commerciaux, descriptions de produits, etc, même sans qu'ils soient mentionnés de façon particulière dans ce livre ne signifie en aucune façon que ces noms peuvent être utilisés sans restriction à l'égard de la législation pour la protection des marques et des marques déposées et pourraient donc être utilisés par quiconque.

Coverbild / Photo de couverture: www.ingimage.com

Verlag / Editeur:
Éditions Croix du Salut
ist ein Imprint der / est une marque déposée de
AV Akademikerverlag GmbH & Co. KG
Heinrich-Böcking-Str. 6-8, 66121 Saarbrücken, Deutschland / Allemagne
Email: info@editions-croix.com

Herstellung: siehe letzte Seite /
Impression: voir la dernière page
ISBN: 978-3-8416-9847-6

Copyright / Droit d'auteur © 2013 AV Akademikerverlag GmbH & Co. KG
Alle Rechte vorbehalten. / Tous droits réservés. Saarbrücken 2013

Introduction

« Si j'avais su » ... quelle phrase sombre ! Sentence proclamée, ou pensée, devant l'échec. Et si seulement, si seulement, cette petite information qui change tout ne nous avait pas manqué. Mais au fond, est-ce vrai ? Sommes-nous certain de ne pas déjà avoir toute information ou, au moins, accès à tout ce dont nous en avons besoin ? Google ? Et si nous cherchions Celui qui tient entre ses mains nos lendemains et qui nous a laissé sa Parole.

De même, il y a des phrases qui collent dans le mémoire. On les entend une ou deux fois et c'est fait, elles laissent leur marque indélébile sur notre cœur et nous reviennent à l'esprit aux moments propices. J'ai reçu une telle phrase de Pierre Petrignani, pasteur de Calvary Chapel Nice. Pasteur Pierre nous répétait souvent cette phrase qu'il avait lui-même entendu et qui l'avait aidé à continuer dans le ministère malgré toutes les épreuves : « heureux sont les flexibles car ils ne seront pas brisés ! » Je crois que j'ai rigolé la première fois que je l'ai entendu mais lorsque je suis passé par mes premières épreuves dans le ministère je ne rigolais plus ! J'avais plutôt le sentiment d'être un palmier tordu et plié par les vents d'un ouragan. Une fois sortie de la situation, je comprenais mieux, j'ai survécu, et Dieu merci j'étais heureux !

On n'a pas besoin d'être engagé à plein temps dans le ministère pour connaitre une telle sensation. La vie moderne est parfois chaotique et toujours pleine de petits imprévus. En fait, j'ai eu à cœur d'enseigner sur ce sujet après avoir expérimenté de telles surprises dans ma vie.

Je venais de trouver un autre travail, pour arrondir mes fin de mois, et ma santé se détériora progressivement. J'étais confus parce que j'avais prié pour ce boulot que j'aimais et au cours duquel j'ai pu partagé librement ma foi avec mes collègues. De tout point de vue j'agissais selon la volonté de Dieu mais j'étais confronté à l'évidence de devoir démissionner pour des raisons de santé. Petit imprévu ou la volonté de Dieu ? Comment peut-on discerner entre les deux ?

C'est à ce moment que nous avons commencé à étudier le livre des Actes à l'église. Chapitre après chapitre, verset par verset c'est un livre explosif. Le Seigneur l'a bien utilisé dans la vie de l'église mais encore plus dans ma vie personnelle ! J'ai découvert, que ce livre est plein d'exemples de petits imprévus qui auraient pu ébranler la foi. Mais vers la fin du livre, la surprise est frappante. L'apôtre Paul voulait aller à Jérusalem pour présenter un don à l'église de la part des autres églises de l'Empire Romain. C'était un beau projet démontrant de l'unité et de l'amour. Cependant, plus il s'approche de sa destination plus il comprend qu'il va y souffrir mais aussi que les choses vont concourir au bien de toutes les églises. Mais il était loin d'imaginer que ces « choses » seraient de témoigner devant l'homme le plus puissant de son monde : César Néron. Il y avait juste un petit détail: Paul irait en tant que prisonnier. Imprévu mais dans la volonté de Dieu !

Aujourd'hui nous voyons les mêmes défis, chacun dans sa vie, au travail, à l'école, au sein de la famille... Au fur et au mesure que nous étudions ces passages le dimanche, le Seigneur nous montrait que ce message reste d'actualité. Ce sont ces sermons qui ont été transformés en livre sur les derniers chapitres des Actes. Au début tout était destiné à notre église parisienne. Pourtant, quand on m'a proposé d'écrire un livre, j'ai hésité jusqu'à ce que mon épouse et meilleure amie Rebecca encourage à partager ces prédications. Ensuite, une dame de l'église Jacqueline Daval a transcrit ses dix sermons que j'ai transformé en livre, avec l'aide grammaticale d'une autre membre de l'église qui est aussi professeur Frédérique Belzine. Mais sans l'encouragement de Rebecca, sa patience et ses conseils, j'aurais eu du mal à achever le projet.

En publiant ces méditations, je désire servir l'Eglise. Il n'y a rien de plus encourageant que de voir les hommes et les femmes prenant plaisir à lire la Bible et à la consulter régulièrement comme un vieil ami sur les questions de leur vie. Si nous croyons qu'elle est la Parole de Dieu, nous comprenons que plus nous la connaissons, le mieux nous connaîtrons Dieu. C'est dans les moments d'incertitude que nous en avons le plus besoin. Or notre monde change sans cesse et bouleverse les vies comme des vagues qui déferlent sur la plage. Il nous faut donc une parole qui vienne de Celui qui tient entre ses mains nos lendemains, de notre Sauveur qui s'est donné Lui-même pour nous. Lui le Juste, pour nous les pécheurs. Nous avons besoin de sa Parole et de l'assurance de Sa présence.

Ce que je désire communiquer dans ce livre c'est que Dieu nous conduit de différentes manières qui sont toujours motivées par le cœur d'un Père. Il nous aime et n'a pas peur de nous laisser passer par ce qui fait mal pour un moment mais qui guérit pour la vie. Parfois nous voyons sa main mais nous n'avons pas suffisamment de recul ou de connaissance pour y voir clair. Je présente ces méditations, non pour donner des réponses toutes faites, mais pour nous encourager à chercher Dieu dans la prière et dans la connaissance de sa Parole. Ainsi nous le connaîtrons mieux, ainsi nous aurons moins tendance à paniquer. De plus, si nous apprenons les secrets de la vie d'un apôtre qui a déjà réussi sa vie, et si nous les mettons en pratique dans la nôtre, ne serions-nous pas plus entrain à nous réjouir dans le Seigneur quoi qu'il arrive ? C'est un changement puissant qui est proposé, mais par la Grâce de Dieu et par son puissant Esprit agissant en nous, nous verrons mieux comment aller de l'imprévu vers la volonté de Dieu.

1

Pressés !

Vous vous souvenez peut-être du « Sundor Scandale » qui a eu lieu en août 2008. Dans un magasin 'duty free' de l'aéroport Ben Gourion en Israël, une fillette de quatre ans s'est éloignée de ses parents. Captivée par les jolies couleurs des produits de luxe, elle n'a pas remarqué qu'elle était restée seule. Venant d'une famille nombreuse, elle profitait peut-être aussi du calme, mais au bout d'un moment elle a dû se sentir bien seule. En regardant autour d'elle, elle n'a plus vu les visages de ses parents, et elle a fondu en larmes. Les agents de sécurité l'ont vue, et ont essayé tant bien que mal de communiquer avec elle pour tenter de retrouver sa famille.

Quand, enfin, la famille a été retrouvée, ses parents étaient déjà dans l'avion qui les emmenait à Paris. Dès leur arrivée, les agents de sécurité ont, bien sûr, interrogé les parents : « Comment cela a-t-il bien pu arriver ? » ... Leur réponse était toute simple : ils étaient pressés et en retard pour l'embarquement. La famille voulait émigrer d'Israël en France, et ces parents avaient cinq enfants. Ils avaient toutes leurs possessions dans leurs bagages. De plus, puisque le père et la mère n'étaient pas assis ensemble, chacun des parents pensait que leur fille était avec son conjoint. Personne n'était au courant de ce qui se passait, jusqu'à ce que le capitaine annonce à l'interphone que la fillette avait été retrouvée... en Israël.

Quelle situation angoissante ! C'est l'histoire typique des conséquences d'un moment d'inattention provoqué par le stress, les tensions qui montent, et même la distraction... Des gens qui sont normalement des parents exemplaires ont vécu le pire cauchemar pour des parents... et pour des enfants aussi d'ailleurs ! Comment auraient-ils pu éviter tout cela ? Bien sûr les suggestions sont innombrables, et je pense que vous aussi, vous auriez quelques idées pour eux.

Justement, comment pouvons-nous gérer les moments de stress intense, ces moments dans notre vie qui exigent toute notre attention et tous nos efforts, et, en même temps, ne pas oublier ce qui est le plus important ?... Je le répète, tout le monde a ses idées et les suggestions sont parfois innombrables. Ce serait bien si nous pouvions observer quelqu'un qui a réussi l'épreuve, non seulement une fois, mais quelqu'un qui montre par sa conduite que ce n'était pas dû au hasard !

L'apôtre Paul a réussi ce tour de force. Voici quelqu'un qui a eu des moments de grande activité ! Dire qu'il connaissait le stress comme on l'entend aujourd'hui serait un anachronisme mais en tant qu'homme, avec les tendances et les défauts qui relient tous les êtres humains, on peut dire qu'il a vécu des moments intenses. Dans les derniers chapitres du livre des Actes, on le voit qui va d'église en église ; il exhorte, il enseigne, il commence à faire une collecte, il écrit à d'autres églises, et tout ceci dans une période de temps assez courte. Mais en plus de tout cela, sa vie est vraiment en danger ! C'est donc un moment chargé pour lui, un moment plein de stress. Mais ce qui est intéressant, c'est que l'apôtre sait discerner ce qui est urgent de ce qui est nécessaire, de ce qui est important. Comment avoir le discernement entre ce qui est urgent et ce qui est important ?

Dans le livre des Actes, au chapitre 20:1-3, nous pouvons voir comment Paul a su faire la part des choses. Il venait de survivre à une émeute à Ephèse où il avait vécu et travaillé avec beaucoup de succès pendant une assez longue période. Il savait au fond de lui-même que son temps à Ephèse était compté, et dans les premiers versets, nous lisons :

« Lorsque le tumulte eut cessé, Paul réunit les disciples, et, après les avoir exhortés, prit congé d'eux, et partit pour aller en Macédoine. Il parcourut cette contrée, en adressant aux disciples de nombreuses exhortations. Puis il se rendit en Grèce, où il séjourna trois mois. Il était sur le point de s'embarquer pour la Syrie, quand les Juifs lui dressèrent des embûches. Alors il se décida à reprendre la route de la Macédoine..[1]»

Un apôtre surchargé ?

Nous voyons donc que, pendant cette période, Paul voyageait beaucoup. Il ne se promenait pas, il avait une destination en tête : il savait qu'il devait se rendre à Jérusalem mais il fallait d'abord qu'il passât du temps en Grèce. Dans ces trois versets nous avons déjà évoqué quelques destinations ; il passa de ville en ville avec cette idée en tête. Les noms de ces villes se sont perdues dans l'histoire et n'ont pas beaucoup de sens pour nous aujourd'hui. Pourtant chaque étape représente du temps passé en voyage, et nous montrent que Paul est pressé !

---

[1] Les citations bibliques sont extraites de la Bible version Louis Segond 1910

En fait, il avait dû rester à Ephèse jusqu'à la Pentecôte - c'était beaucoup plus long que prévu et il devait prévenir ses amis à Corinthe (1 Corinthiens 16 verset 8). Rappelons-nous qu'il avait été retardé par la révolte contre lui à Ephèse ce qui l'avait obliger à rester plus longtemps que prévu... Et comme la Pentecôte se situe vers la fin du printemps, il se pouvait qu'il fût cloué sur place jusqu'à la fin de l'été. Mais, dès que la mer fut moins tumultueuse et qu'il put voyager sans trop de risques, il reprit son voyage. Malgré tout cela, malgré son désir d'arriver à Jérusalem et son départ tardif d'Ephèse, ce petit passage nous dit qu'il resta trois mois en Grèce. L'époque était favorable, il eut donc l'opportunité de faire beaucoup de choses pendant ces trois mois.

Et que fit-il ? Il enseigna et il exhorta. Avec ses exhortations, il aida les Chrétiens, il les poussa un peu à continuer le combat spirituel et à aller de l'avant ; il devait aussi faire en sorte que les églises soient bien organisées, qu'elles aient des anciens, des responsables qui s'occupent bien de chaque communauté, et les théologiens nous disent que pendant qu'il faisait tout ceci, il prit aussi probablement du temps pour écrire deux lettres : la lettre aux Romains et la deuxième lettre aux Corinthiens.

À cette époque il y avait déjà des menaces en qui concerne la doctrine : certains enseignants voulaient de nouveau ramener les gens sous la loi, et d'autres voulaient profiter de la grâce pour créer une sorte de libertinisme ; dans la lettre aux Romains Paul tranche vraiment en leur montrant le chemin à suivre pour éviter ces deux erreurs.

Mais ajoutons à ceci la deuxième lettre aux Corinthiens qu'il a aussi, sans doute, écrite pendant cette période. Dans cette lettre, nous réalisons que d'autres choses se passaient au même moment. D'abord nous voyons les dangers qui menaçaient sa vie, et les luttes qu'il menait auprès de ces églises. Regardons en 2 Corinthiens au chapitre 1, et aux versets 8 et 9 :

« Nous ne voulons pas, en effet, vous laisser ignorer, frères, au sujet de la tribulation qui nous est survenue en Asie, que nous avons été excessivement accablés, au delà de nos forces, de telle sorte que nous désespérions même de conserver la vie. Et nous regardions comme certain notre arrêt de mort, afin de ne pas placer notre confiance en nous-mêmes, mais de la placer en Dieu, qui ressuscite les morts. »

Voyez la passion intense qu'il avait ! Dans un laps de temps relativement court il fit énormément de choses, ce qui demandait toute son attention et toutes ses forces ! Et en plus, il était en retard...

Un complot, une collecte...

Et en qui concerne les dangers constants auxquels il était exposé, regardez au chapitre 4 et aux versets 8 à 10 de 2 Corinthiens :

« Nous sommes pressés de toute manière, mais non réduits à l'extrémité; dans la détresse, mais non dans le désespoir; persécutés, mais non abandonnés; abattus, mais non perdus; portant toujours avec nous dans notre corps la mort de Jésus, afin que la vie de Jésus soit aussi manifestée dans notre corps.»

Nous avons un petit aperçu de ce qui se passait dans son cœur, et nous voyons que la tension monte un peu. C'est facile à comprendre avec tout ce qu'il faisait ! Mais il faut encore ajouter autre chose : il visitait aussi les églises pour faire une collecte ! Mais pourquoi est-ce qu'il ajoutait encore une autre activité à une liste déjà impossible ? Tout s'explique lorsqu'il rencontra les 'colonnes de l'église' à Jérusalem en Actes 15, et qu'ils donnèrent leur accord pour que Barnabas et lui prêchent aux non Juifs. Et ce n'était pas seulement qu'il avait leur accord pour que Barnabas et lui puissent le faire, mais en Galates 2, verset 9 nous lisons que:

« et ayant reconnu la grâce qui m'avait été accordée, Jacques, Céphas et Jean, qui sont regardés comme des colonnes, me donnèrent, à moi et à Barnabas, la main d'association, afin que nous allassions, nous vers les païens, et eux vers les circoncis. 10 Ils nous recommandèrent seulement de nous souvenir des pauvres, ce que j'ai bien eu soin de faire. »

L'église de Jérusalem lui dit : « n'oublie pas les pauvres ». Paul répondit : « D'accord ! ». Mais entre temps on apprend qu'il y avait une famine en Judée, pendant que Paul, chez les Païens, visitait des églises très affluentes. Pour bien comprendre l'urgence qui le poussait à organiser une collecte, nous nous rappelons qu'en Actes 2, au tout début de cette grande église à Jérusalem (donc en Judée, où sévissait la famine), les gens avaient vendu leurs biens pour les partager avec les pauvres, et maintenant qu'il y avait un grand désastre économique, ces gens-là, qui avaient tout vendu, n'avaient plus rien. Alors Paul fit une grande collecte auprès de ceux qui avait beaucoup, pour donner à cette première église, ici à Jérusalem ! Est-ce que ce n'était pas la meilleure solution pour créer l'unité de l'Esprit et la joie parmi tous les Chrétiens ? Paul sauta sur l'occasion avec joie. Selon 2 Corinthiens 9, nous voyons qu'il avait envoyé des gens avant lui pour expliquer pourquoi ils faisaient cette collecte ; après qu'ils aient pris le temps de prier et de décider du montant de leur contribution, Paul récupéra cet argent avant de monter à Jérusalem.

Ajoutons aussi le fait qu'au verset 3, je ne sais pas si vous l'avez vu, mais regardez d'un peu plus près au verset 3 :

« ...il séjourna trois mois. Il était sur le point de s'embarquer pour la Syrie, quand les Juifs lui dressèrent des embûches. Alors il se décida à reprendre la route de la Macédoine. »

Un complot menaçait sa vie ! Il voulait organiser une collecte pour les pauvres, il avait tous ses autres projets et il dut maintenant changer ses projets de voyage à cause d'un complot contre sa vie ! Nous ignorons de quoi il s'agissait exactement, mais sa vie était en danger et ce fut miraculeusement, qu'il échappa au pire.

Quand leurs plans changent un peu, les gens sont contrariés... en tout cas ça me contrarie ! Mais si les plans changent parce que votre vie est en danger, c'est plutôt stressant, non ?

Encore une fois, il était en train d'organiser toutes ces choses : l'enseignement, les écritures, la collecte, et tout cela avant le social networking ou toutes les manières de communiquer que nous avons aujourd'hui ! Cet homme était vraiment très très occupé ! Et, en plus de tout cela, il lui fallait maintenant changer ses plans, et son périple n'était pas encore terminé. Au verset 4 :

« Il avait pour l'accompagner jusqu'en Asie: Sopater de Bérée, fils de Pyrrhus, Aristarque et Second de Thessalonique, Gaïus de Derbe, Timothée, ainsi que Tychique et Trophime, originaires d'Asie. Ceux-ci prirent les devants, et nous attendirent à Troas. Pour nous, après les jours des pains sans levain, nous nous embarquâmes à Philippes, et, au bout de cinq jours, nous les rejoignîmes à Troas, où nous passâmes sept jours. »

C'est une chose de voyager seul, mais s'en est une autre d'être accompagné par une caravane ! Paul était bien entouré ! Nous avons déjà vu tout ce qu'il faisait, et en plus il voyageait avec tous ces gens ; c'était le moment de la fête de la Pâque, de la fête des pains sans levain, et donc, depuis le départ d'Ephèse, il s'était passé à peu près un an. Rappelez-vous qu'il avait quitté Ephèse en retard, et là, c'était la fête des pains sans levain, on est à nouveau au printemps, et on a vraiment l'impression que Paul veut mener sa mission jusqu'au bout : Il traversa la mer pour aller à Troas, alors que les autres voulaient prendre leur temps et célébrer la fête des pains sans levain... On peut imaginer, que la tension monte.

Un homme 'chanceux' !

Et il faut encore ajouter un autre événement important, quelque chose qui se passa à Troas. Versets 7 et 8 :

« Le premier jour de la semaine, nous étions réunis pour rompre le pain. Paul, qui devait partir le lendemain, s'entretenait avec les disciples, et il prolongea son discours jusqu'à minuit. Il y avait beaucoup de lampes dans la chambre haute où nous étions assemblés.»

Nous voyons qu'il essayait de faire le maximum en un laps de temps. N'oubliez pas que l'église primitive se réunissait le premier jour de la semaine, mais ce n'était pas le dimanche comme nous le connaissons aujourd'hui ! En fait, pour eux, c'était un jour de travail ; ils travaillaient toute la journée, puis ils se réunissaient pour entendre Paul, et mangeaient certainement ensemble ; les gens venaient écouter, même s'ils devaient travailler très tôt le lendemain, donc Paul faisait le maximum et les gardait jusque tard dans la nuit.

Il se faisait tard, les lampes brûlaient, on peut imaginer une parfaite atmosphère pour s'endormir, et puis verset 9 :

« Or, un jeune homme nommé Eutychus, qui était assis sur la fenêtre, s'endormit profondément pendant le long discours de Paul; entraîné par le sommeil, il tomba du troisième étage en bas, et il fut relevé mort. »

On dit que ce passage est un avertissement aux pasteurs et aux congrégations : Attention ! Le pauvre gars ! Il est vrai qu'il est important de prendre certaines mesures de sécurité ; des choses aussi simples que : Ne vous asseyez pas sur le rebord de la fenêtre quand la prédication dure un peu.

De toute évidence ils étaient captivés par tout ce que Paul avait à dire, mais pendant ce temps les lampes de cette époque brûlaient de l'oxygène. On pense que, vu son nom, Eutychus était un esclave, et il avait certainement travaillé dur toute la journée, il était minuit passé, et Paul avait l'intention de continuer comme cela, probablement à travers tout l'Ancien Testament... et donc Eutychus tomba ! Effectivement, si on tombe comme cela quand on est endormi, on peut très bien se briser la nuque et se tuer. Mais, verset 10 :

« Mais Paul, étant descendu, se pencha sur lui et le prit dans ses bras, en disant: Ne vous troublez pas, car son âme est en lui. Quand il fut remonté, il rompit le pain et mangea, et il parla longtemps encore jusqu'au jour. Après quoi il partit. Le jeune homme fut ramené vivant, et ce fut le sujet d'une grande consolation. »

Cela aurait pu être une terrible tragédie ! Mais Dieu intervint. À l'exemple d'Elie, Paul s'allongea sur le jeune homme, il pria, et à la grande surprise de tout le monde, le jeune homme se releva. Ils furent tous très contents parce qu'Eutychus veut dire 'chanceux' et effectivement ce fut le cas ! On le remonta et on lui donna un peu à manger ; c'est peut-être aussi parce qu'il avait faim qu'il s'était endormi. Et Paul continua à prêcher jusqu'à l'aube ; à cette époque les gens n'avaient pas de jours de congé, ils devaient faire face.

La date limite ou la communion fraternelle ?

Le pauvre Paul continua son voyage. Versets 13 à 17 :

« Pour nous, nous précédâmes Paul sur le navire, et nous fîmes voile pour Assos, où nous étions convenus de le reprendre, parce qu'il devait faire la route à pied. Lorsqu'il nous eut rejoints à Assos, nous le prîmes à bord, et nous allâmes à Mytilène. De là, continuant par mer, nous arrivâmes le lendemain vis-à-vis de Chios. Le jour suivant, nous cinglâmes vers Samos, et le jour d'après nous vînmes à Milet. Paul avait résolu de passer devant Éphèse sans s'y arrêter, afin de ne pas perdre de temps en Asie; car il se hâtait pour se trouver, si cela lui était possible, à Jérusalem le jour de la Pentecôte.Cependant, de Milet Paul envoya chercher à Éphèse les anciens de l'Église.»

Nous savons qu'entre la Pâque et la Pentecôte il y a cinquante jours, c'est d'ailleurs de là que vient le mot Pentecôte. Nous voyons qu'il s'agit encore d'un laps de temps très court, et vous voyez le voyage qu'il avait fait ?! Troas est au nord de la Turquie, et de là il descendit jusqu'à Milet qui est au sud. Pendant ce temps il décida de ne pas aller à Ephèse parce qu'il voulait absolument arriver à Jérusalem avant la Pentecôte, parce que c'était une période où il y aura beaucoup de monde pour célébrer la fête. La prochaine fois où il pourra y voir autant de monde, ce sera en automne, pour les fêtes d'automne. C'est pour quoi, il ne voulut pas perdre de temps à Ephèse, parce qu'il y avait là tellement de gens qu'il aimait, et s'il y passait trop de temps, il n'arriverait jamais à Jérusalem pour la Pentecôte ! Mais quand même, ces gens à Ephèse, il les aimait ! Mais il était pressé. Et comme il aimait ces gens, il s'arrêta à Milet, et il envoya quelqu'un les chercher. Bien sûr, ils durent faire 30 kilomètres pour le retrouver à Milet, mais, ainsi, il n'avait pas brisé la communion fraternelle. Et cela, c'est important ! Parce que c'est quelque chose qui est facile à faire quand nous sommes pressés et chargés.

Pourquoi Paul ne perdait pas courage

En conclusion, nous avons vu Paul sur une période assez courte, et pourtant très chargée : il a béni toutes ces églises, il s'est occupé de cette collecte, alors que sa vie était en danger, il écrivit des lettres, fit des voyages, et dans tout cela, il évita le pire... son propre assassinat. Puis, il y eut la mort d'un frère innocent, et, point essentiel, il fit tout cela sans briser la communion.

Comment est-ce qu'il put faire tout cela dans une période de temps si court ?

Cet homme était vraiment extraordinaire. C'est vrai, c'était un apôtre, mais il n'en est pas moins un homme ! Comment pouvait-il gérer sa vie pendant une période si remplie de stress et de préoccupations ?

Comment pouvons-nous l'imiter ? Paul nous le dit dans cette lettre de 2 Corinthiens, au chapitre 4, la lettre qu'il a écrite pendant cette période. Versets 16 à 18 :

« C'est pourquoi nous ne perdons pas courage. Et lors même que notre homme extérieur se détruit, notre homme intérieur se renouvelle de jour en jour. Car nos légères afflictions du moment présent produisent pour nous, au delà de toute mesure, un poids éternel de gloire, parce que nous regardons, non point aux choses visibles, mais à celles qui sont invisibles; car les choses visibles sont passagères, et les invisibles sont éternelles. »

Paul gardait ses yeux sur l'éternelle promesse de gloire à venir. C'est-à-dire pas sur ce monde, mais sur son avenir, sur sa véritable espérance, parfaitement ancrée dans l'Evangile. Comme Jésus-Christ s'est dépouillé Lui-même pour marcher parmi nous, pour être obéissant jusqu'à la croix, afin d'être élevé souverainement à la droite du Père, Paul mettait aussi ses droits de côté ; ce qu'il faisait, il ne le faisait pas pour lui-même, non, il le faisait pour l'espérance, pour Christ, pour la gloire de Christ, avec ses yeux, son imagination, ses énergies fixées sur le but, qui est Christ ! Jour après jour, même s'il se levait fatigué, épuisé, parce que l'homme extérieur se détériore chaque jour, surtout quand on est constamment en mouvement... jour après jour, il se renouvelait en Christ ! C'est l'œuvre de l'Esprit !

Et qu'est-ce que cela donne ? Eh bien, si la tâche qui se présente c'est de faire une collecte pour les églises, il allait le faire pour que ces gens-là deviennent davantage comme Jésus. Si c'était enseigner, il le faisait afin de pouvoir les présenter à Christ. Ces choses-là étaient sa vision et sa motivation. Et cela, dans une période de sa vie qui ressemble énormément à notre monde aujourd'hui : la fatigue, les exigences, le stress, toutes ces choses qui arrivent en même temps... en plus de son travail d'écrire aux églises en vue de leur édification à faire.

Nous vivons aussi à une époque où il y a des dangers ! Selon 2 Timothée, chapitre 3, verset 1, l'Esprit dit que les derniers temps seront difficiles, et Il parle de l'époque dans laquelle nous sommes.

Alors, comment ne pas devenir une boule de stress ? Il faut être spirituellement motivé, c'est-à-dire que, jour après jour, vous devez trouver un moment pour vous ressourcer en Christ. Attention, ce n'est pas un loisir, il s'agit de votre vie ! C'est cela qui vous aidera à surmonter tout ce que vous avez à faire chaque jour, c'est votre boussole pour naviguer ; et pas simplement cela, mais il faut aussi saisir cette vision de la gloire éternelle. Et c'est ce qui vous aidera à mieux faire votre travail. Vous ne faites pas votre travail au hasard : vous avez fait des études, et, sachez-le, Dieu vous a accompagnés pendant tout ce temps-là ! Dieu vous accompagne même maintenant dans votre travail !

Si Jésus a changé l'eau en vin, si Jésus a fait en sorte que les disciples puissent attraper un grand nombre de poissons, cela nous montre qu'Il s'intéresse aux choses que nous pensons n'être que des choses quotidiennes, banales ; et donc, ce projet pour lequel vous vous inquiétez tant, je suis persuadé que le Seigneur a une bonne solution : Il veut vous aider !

Mais, honnêtement, si vous ne prenez pas le temps de fixer les yeux sur Lui, pour écouter Sa voix, ou même tout simplement pour Le louer, vous allez avoir du mal à l'entendre pour un petit détail au travail, ou pour le projet que vous avez entre les mains. Cela revient au même. Jour après jour on se renouvelle intérieurement, même si notre corps se détériore à l'extérieur. Renouvelons-nous en Christ, par Son Esprit, par la prière, et dans Sa Parole ! Nous sous-estimons le grand privilège de la prière et ce que Dieu peut accomplir, si nous commencions nos journée dans la prière. Pasteur Chuck Smith dit : « La prière est un privilège glorieux. C'est un don que Dieu a rendu accessible, même au plus faible de ses enfants - et c'est une des plus grandes bénédictions que Dieu a donné à l'homme[2] » Et quand nous quittons la maison, fixons nos yeux sur Lui, et nous n'oublions pas cette éternelle promesse de gloire.

Telle est notre réponse à la question : Comment gérer tout cela ? En établissant les bonnes priorités. Cela demande un engagement de votre part. Nous avons tous dans notre vie un problème, un projet à Lui soumettre...

Engageons-nous ! Cette semaine, amenez ce projet, ce problème, cette préoccupation à Dieu, consacrons-y du temps et allons Lui en parler autant que nous en parlons aux autres. Nous nous engageons et, par la grâce de Dieu, nous connaîtrons sa paix et nous le verrons à l'œuvre dans notre vie. Et pourquoi pas tout de suite ?

---

[2] SMITH, Chuck, Prayer our Glorious Privilege, Éditions, The Word for Today, Privileges and Promises, p. 193, 2007
Texte originel : Prayer is a glorious privilege. It is a gift God has made available to even the weakest of His children - and one of the greatest blessings God has given to man.

2

Les amitiés et les « au revoir »

À notre arrivée en France, nous nous sommes installés à Nice, et avons travaillé avec Calvary Chapel Nice, qui est d'ailleurs, l'église mère de Calvary Chapel Paris. Nous avons été touchés par l'amour fraternel exprimé et ressenti à chaque fois que nous sommes allés dans cette église et avons tout naturellement tissé de très fortes amitiés tout au long de notre séjour dans le Midi. Le pasteur Pierre Petrignani en est un bon exemple. C'est pourquoi au fil des années, il est devenu un mentor pour nous mais aussi un ami.

Parmi ceux que nous avons rencontré à Nice, nous avions, et nous avons toujours, deux amis italiens avec qui nous avons eu le plaisir de déjeuner assez souvent. Ce qui nous étonnait vraiment, c'est qu'on pouvait manger et discuter pendant des heures et des heures, mais quand il fallait se dire au revoir, et quand on y passait vraiment un temps fou ! On pouvait parfois se retrouver à boire un petit café en parlant de tout et de rien avant de se saluer à nouveau, de se diriger vers la porte et finir assis à grignoter ou même d'entrer dans une nouvelle conversation sur le pas de la porte. Je crois que le record c'est le jour où nous avons mis une heure pour dire au revoir. Mais finalement, c'était sympa ; une autre façon de se dire « au revoir », un peu différente d'un simple « À bientôt » à l'américaine !

Dire au revoir de cette manière-là, c'est vraiment chaleureux et ça fait du bien. Mais, il y a aussi eu des moments où ce n'était pas du tout la même ambiance. Je ne sais pas pour vous, mais pour moi, le pire c'est quand on doit dire au revoir à quelqu'un qu'on connaît, qu'on aime bien et qu'on n'est même pas sûr qu'on va le revoir. Les adieux sont difficiles, on préférerait dire « à la prochaine ! », même si on n'est pas sûr de jamais revoir l'ami. Ces souvenirs gardent une grande place dans notre cœur.

C'est justement ce genre d'« au revoir » qu'adresse l'apôtre Paul aux anciens de l'église d'Ephèse. Dans le chapitre précédent, nous avons vu comment Paul voulait absolument rentrer à Jérusalem avant la Pentecôte. Il était si pressé qu'il ne s'arrête pas à Éphèse parce qu'il a peur de passer trop de temps avec ses chers frères dans la foi. Mais quand il fait une pause à Milet, envoie un messager aux anciens de l'église éphésienne pour qu'ils puissent se revoir et faire ses adieux. Dieu lui a révélé qu'il ne les reverra plus.

Un amour réel

Paul commence un long discours plein d'émotion, qui reflète l'état de son cœur. Et cet amour exprimé, c'est l'amour Agapé, qui se trouve seulement dans la Bible, un amour profond, qui donne sans condition, un amour qui pardonne, et qui ne considère pas son propre intérêt, un amour qui agit. C'est un amour en action.

Ainsi nous lisons en Actes chapitre 20 verset 18 à 21 :

« Lorsqu'ils furent arrivés vers lui, il leur dit: Vous savez de quelle manière, depuis le premier jour où je suis entré en Asie, je me suis sans cesse conduit avec vous, servant le Seigneur en toute humilité, avec larmes, et au milieu des épreuves que me suscitaient les embûches des Juifs. Vous savez que je n'ai rien caché de ce qui vous était utile, et que je n'ai pas craint de vous prêcher et de vous enseigner publiquement et dans les maisons, annonçant aux Juifs et aux Grecs la repentance envers Dieu et la foi en notre Seigneur Jésus-Christ. »

Paul parle de son travail, une tâche qu'il accomplit volontairement et de tout son cœur. Les épreuves furent nombreuses mais, malgré les larmes, Paul les a traversées avec humilité. Le passage nous montre était un homme authentique : Paul avait toutes les raisons de se glorifier mais jamais il ne prend de haut, c'est une démonstration du vrai amour. Son humilité et son altruisme ont noué ces relations, nous parlons de quelqu'un qui se soucie des autres, et c'est certainement dans les larmes même que ce sont liées ces amitiés.

À la fin de chacune de ses lettres écrites aux églises qui sont dans le Nouveau Testament, il y a une longue liste de personnes qu'il salue ; dans chacune de ses lettres ! Aux Galates, aux Éphésiens, aux Philippiens, aux Colossiens... c'est un peu comme le Facebook de notre époque !

Paul est le genre de personne qui pouvait regarder les gens droit dans les yeux, parler des choses gênantes mais nécessaires, et tous savaient que c'était sincère. La preuve, c'est que ces anciens, ont fait trente kilomètres à pied pour le voir et lui dire au revoir. De nos jours, les gens acceptent difficilement de sortir de Paris et de faire trente kilomètres en train ! Alors, imaginez... à pied ! Cela montre à quel point cet homme avait vraiment quelque chose d'authentique.

Et cela nous conduit à nous interroger : Quand les gens scrutent notre vie, qu'est-ce qu'ils voient ?

L'authenticité

La vie de Paul pouvait être observée de près, ce que en ressortait était l'expression d'un amour authentique, ils voyaient cet amour dont je parle. Et je crois que ça se voyait surtout, comme il l'a dit, lors des dangers, au milieu de ses frustrations, et de ses petits problèmes.

Il est en effet très facile d'être gentil quand tout va bien. Mais lorsque votre monde est en train de s'écrouler, et si à ce moment-là vos émotions sont maîtrisées, les gens remarqueront votre calme. Là encore, Paul nous enseigne.

Il dit aussi que son travail n'était pas celui d'un travail d'enseignant, il était rempli de l'amour de Christ, et il enseignait avec une passion motivée par cet amour. Il n'a rien dissimulé ; mais a tout enseigné, tout ce qui est dans la Bible hébraïque, ce que nous appelons l'Ancien Testament, et nous savons qu'il est resté trois ans à Éphèse, donc nous pouvons imaginer tout ce qu'il a pu enseigner !

Le message qui change tout!

Paul ne se mettait pas sur un piédestal comme si ceux qui l'écoutaient lui étaient inférieurs. Nous lisons qu'en fait il enseignait dans leurs maisons ; il a commencé dans les synagogues, à l'école de Tyranus, qui était une école de philosophie, mais aussi dans les rues. Il était auprès des gens et les enseignait jour et nuit; et les gens ont reçu son enseignement et pour ensuite aller partager cette parole dans les villes avoisinantes.

Son message commençait par la repentance, repentance parce que nous sommes pécheurs, parce que nous ne pouvons pas nous sauver nous-mêmes, et que nous ne pouvons pas mener une vie parfaite, digne de la sainteté de Dieu. Se repentir est nécessaire pour tout le monde. Nous avons tous péché, ne serait-ce qu'au cours des dernières vingt-quatre heures ! Sondez votre cœur : peut-être avez-vous eu des désirs impurs, ou peut-être avez-vous des pensées un peu difficile envers les autres, ou vous avez peut-être dit quelque chose que vous n'auriez pas dû dire ?

Tout cela est révélateur du fait que nous sommes tous pécheurs ; mais Dieu nous appelle à la repentance, Il nous appelle à délaisser ces choses, et Il nous appelle à la foi. La Bible nous éclaire. La repentance c'est changer de direction, et la foi c'est mettre toute son espérance en quelqu'un ou en quelque chose. Par exemple, si je m'allonge sur un lit, je n'ai pas besoin de le voir mais je dois avoir confiance que le lit peut supporter mon poids. C'est lorsque je m'allonge que fais confiance à mon lit, c'est une expression de ma foi.

La grande majorité des gens mettent leur foi dans leurs propres œuvres, c'est-à-dire « Je ferai de mon mieux pendant ma vie, et Dieu, là-haut, quand Il m'accueillera, verra tout le bien que j'ai fait, et le mal aussi bien sûr, et fera le nécessaire : ou ça passe, ou ça casse » ; ça c'est la foi en soi, en nos propres œuvres. Le gros problème avec ce système, c'est d'abord, qu'il n'est pas objectif, on se compare constamment aux autres ; et la seconde chose, c'est qu'il n'existe pas vraiment de standard objectif qui ne soit déjà touché par le péché.

Or, la justice de Dieu est parfaite ! Et c'est très simple, Il nous a donné les Dix Commandements : « Tu ne voleras pas ! » si vous avez volé une fois, vous avez brisé la loi. Puis viennent les autres commandements tels que : « Tu n'auras pas d'autres dieux que Moi. » « Respectez vos parents. Ne prenez pas le nom de Dieu en vain. Ne commettez pas l'adultère.... » Ou encore « Tu ne convoiteras pas ! » ; si donc… déjà convoité quelque chose (pendant les soldes…) vous êtes aussi coupables ; ça c'est l'objectivité parce que c'est systématique. C'est comme les radars qui contrôlent la vitesse des voitures : il pénalise automatiquement ceux qui dépassent les limites de vitesse. De même, il suffit de briser un seul commandement pour échouer à la perfection. Dieu qui est saint, demande que nous aussi nous soyons saints. Comme dit le livre de Romains, chapitre 3, verset 23 : Car tous ont péché et sont privés de la gloire de Dieu. Nous sentons nous tous plus ou moins coupables à lire ces phrases ?

Examinons davantage ce sujet. La loi nous dit encore: « Voilà ce qui est bien et ce qui est mal, sans nous donner la force de le faire. Et plus nous allons dans cette direction, plus nous sommes condamnés, parce que la vie se réduit à « Ne touchez pas, ne faites pas... » c'est sans cesse un message de condamnation.

Or, Jésus est Dieu incarné, Dieu qui s'est fait homme et qui a marché parmi nous. Dans les Evangiles Il le dit Lui-même : « Moi et le Père nous sommes un. » (Jean 10 : 30) ; c'est Lui qui a marché sur cette terre sans jamais pécher, c'était le plan de Dieu pour lequel il y avait eu tellement de prophéties, des siècles avant sa naissance, et qui parlaient de Sa vie, de Son œuvre, mais surtout de Sa mort sur une croix.

Parce que la croix est la pièce principale ; le fait que Jésus soit mort sur la croix n'était pas un accident, c'était le plan de Dieu.

Parce que nous, qui sommes tous pécheurs, nous n'étions pas dignes de nous approcher de Dieu ; Jésus a donc pris notre place, pour que nous puissions avoir Sa justice, pour que nous puissions nous approcher de Dieu.

Ayons la foi, c'est mettre son espérance en ce que Jésus a fait. Et ainsi nous recevrons Sa justice, qui est une justice parfaite, objective, qui ne vient pas des hommes mais de Dieu.

Voilà le message que Paul prêchait, aux Juifs, aux non Juifs, à tout le monde. Jésus-Christ est venu pour sauver toute personne qui croit en Lui. En prêchant, il n'a pas simplement agit en étant proches des gens, il faisait une grande œuvre d'amour.

Guidé par l'Esprit

Et nous le rejoignons maintenant au verset 22 à 24 :

« Et maintenant voici, lié par l'Esprit, je vais à Jérusalem, ne sachant pas ce qui m'y arrivera; seulement, de ville en ville, l'Esprit-Saint m'avertit que des liens et des tribulations m'attendent. Mais je ne fais pour moi-même aucun cas de ma vie, comme si elle m'était précieuse, pourvu que j'accomplisse ma course avec joie, et le ministère que j'ai reçu du Seigneur Jésus, d'annoncer la bonne nouvelle de la grâce de Dieu. »

Donc, il était conduit par l'Esprit pour aller à Jérusalem. Voilà pourquoi il voulait absolument y aller ! Et même le fait qu'il avait entre les mains la collecte destinée aux pauvres de Jérusalem, ce n'était pas son idée, c'était l'Esprit-Saint qui le guidait. Ses paroles nous permettent de comprendre qu'il savait que quelque chose l'attendait à Jérusalem. Même s'il allait amener une importante collecte pour les pauvres de Jérusalem, il savait avec certitude que des souffrances l'attendaient.

Faire une bonne œuvre en sachant que c'est une joie, c'est une chose, et je pense que ça nous fait vraiment du bien quand nous pouvons donner quelque chose à quelqu'un qui est dans le besoin, et je sais aussi que, pour Paul, pouvoir donner à quelqu'un qui découvre Jésus, c'est aussi une grande joie, mais le faire en sachant qu'il va aussi y avoir des souffrances et des persécutions... qu'est-ce que cela nous apprend ? Il est difficile d'imaginer qu'une personne puisse avoir une telle attitude.

C'est pourtant bien le cas de Paul. En fait, il dit : Je sais que ces choses m'attendent, mais je suis lié par l'Esprit, et j'accepte ma course avec joie ! Pourquoi ? C'était par amour pour Christ. Jésus-Christ, qui était son parfait exemple. Jésus-Christ qui savait qu'Il devait être crucifié, n'a jamais cessé de guérir les gens, Il n'a jamais cessé d'enseigner, jusqu'au bout Il a fait connaître la bonté de Dieu. Et, c'est normal puisqu'Il est le Christ, mais quand il s'agit d'un homme ou d'une femme qui sont aussi animés par le même amour, ça c'est quelque chose d'étonnant !

Et c'est exactement ce que nous voyons en Paul ; et cela pourrait être aussi votre histoire, par le Saint-Esprit qui habite en vous si vous avez mis votre foi en Christ. La réaction la plus normale, celle qu'on rencontre le plus, c'est de se cacher et d'éviter tout conflit. Mais le grand problème avec cette stratégie, c'est que la collecte n'aurait pas été distribuée, l'Evangile n'aurait pas été annoncé, et le diable aurait gagné... par défaut.

Alors Paul a décidé de marcher dans les pas de Jésus, et il l'a accepté avec joie. Et cela, parce qu'il aime Christ. Et cet amour pour Dieu, déborde en un amour pour les gens, parce que l'amour conduit à l'action. Et c'est cela qui nous amène au cœur de autres... son message pour eux.

Verset 25 à 31: « Et maintenant voici, je sais que vous ne verrez plus mon visage, vous tous au milieu desquels j'ai passé en prêchant le royaume de Dieu. C'est pourquoi je vous déclare aujourd'hui que je suis pur du sang de vous tous, car je vous ai annoncé tout le conseil de Dieu, sans en rien cacher. Prenez donc garde à vous-mêmes, et à tout le troupeau sur lequel le Saint-Esprit vous a établis évêques, pour paître l'Église du Seigneur, qu'il s'est acquise par son propre sang. Je sais qu'il s'introduira parmi vous, après mon départ, des loups cruels qui n'épargneront pas le troupeau, et qu'il s'élèvera du milieu de vous des hommes qui enseigneront des choses pernicieuses, pour entraîner les disciples après eux. Veillez donc, vous souvenant que, durant trois années, je n'ai cessé nuit et jour d'exhorter avec larmes chacun de vous. »

Et maintenant, nous voyons pourquoi il n'a rien dissimulé. C'est pour cela que le Seigneur a appelé Paul à être un témoin auprès des non Juifs. En fait, Dieu lui donne la mission de tout enseigner, et s'il dissimule des choses et tombe dans le piège, il est responsable devant le Dieu Très-Haut, un peu comme le pilote d'un avion est responsable de tous les passagers.

Paul voit donc qu'il ne s'agit pas simplement de sa vie, mais que la leur aussi est concernée. Ce n'est pas que Paul soit un spécialiste de la Parole et de la doctrine qui le motive mais, son inspiration pour tout ce qu'il fait est l'amour de Christ en lui.

Nous sommes invités à suivre son exemple quand nous revenons à la source qui est l'amour : l'amour pour Christ, et l'amour pour les autres.

Paul les avertit : attention, il va y avoir des fausses doctrines qui vont attirer les gens à droite et à gauche et je ne serais plus là ; ce sera à vous maintenant de protéger le troupeau. Ce sera votre responsabilité.

Il faut remarquer qu'à cette époque déjà, il y avait de fausses doctrines. Il y avait des gens qui enseignaient qu'il fallait suivre la loi à 100%, mais aussi suivre Jésus pour être pur. Mais cette fausse doctrine mène à la destruction ; en fait elle mène à ce que j'ai évoqué plus tôt, on ne met plus notre foi en Christ mais en nos propres œuvres, en nous-mêmes ; et donc il leur rappelle ce qui est en jeu : les âmes de ceux pour qui Christ est mort. C'est lourd ! Mais c'est la vérité.

Oh combien cette vérité nous interpelle !

Et à leur tour, il fallait que les anciens sachent garder le bon enseignement, et qu'ils imitent aussi le travail de Paul. Et puisque ces choses sont écrites dans la Bible, leur travail devient notre tâche à nous, les Chrétiens.

De nos jours aussi nous devons rester attentifs. Je ne sais pas si vous avez eu l'occasion d'y aller, mais dans le quartier du Marais à Paris, il y a un Mémorial de la Shoah. Si vous le l'avez pas vu, je vous le recommande vraiment. Nous avons tous en mémoire cet horrible moment de l'Histoire, et ses événements qui prennent leur origine dans de mauvaises doctrines. Cela nous permet de réaliser à quel point la vérité est précieuse et à quel point il est nécessaire de vivre une vie remplie de l'amour qui vient de Dieu. C'est ce qui doit nous motiver. Et c'est ce que Paul veut faire : les motiver à faire la même chose.

Une foi en action

Continuons avec les versets 32 à 38 : « Et maintenant je vous recommande à Dieu et à la parole de sa grâce, à celui qui peut édifier et donner l'héritage avec tous les sanctifiés. Je n'ai désiré ni l'argent, ni l'or, ni les vêtements de personne. Vous savez vous-mêmes que ces mains ont pourvu à mes besoins et à ceux des personnes qui étaient avec moi. Je vous ai montré de toutes manières que c'est en travaillant ainsi qu'il faut soutenir les faibles, et se rappeler les paroles du Seigneur, qui a dit lui-même: Il y a plus de bonheur à donner qu'à recevoir. Après avoir ainsi parlé, il se mit à genoux, et il pria avec eux tous. Et tous fondirent en larmes, et, se jetant au cou de

Paul, ils l'embrassaient, affligés surtout de ce qu'il avait dit qu'ils ne verraient plus son visage. Et ils l'accompagnèrent jusqu'au navire. »

Que cette dernière scène est touchante ! Ces hommes qui s'embrassent et qui doivent se dire au revoir, en sachant qu'ils ne se reverront jamais plus...

Paul dit : Par amour, faites attention à votre doctrine ! Il y a des choses néfastes qui vont induiront les gens en erreur, il leur demande d'être vigilant. L'Evangile est une puissance de Dieu !

Qu'en faisons-nous ?

Soyez actifs ; n'est-il pas dit qu'il y a plus de bonheur à donner qu'à recevoir.

Nombreuses sont les œuvres missionnaires qui ont besoin de fonds et des bénévoles, il y a des gens autour de vous qui sont blessés et brisés par ce monde, qui cherchent désespérément l'amour que vous connaissez en Jésus-Christ. Si vous ne savez pas par où commencer, il y a non seulement les offrandes mais vous pouvez aussi vous investir dans votre église locale, parce qu'il est plus béni de donner que de recevoir.

Je trouve toujours décevant que, trop souvent, l'Eglise laisse les athées faire notre travail. C'est le centre de ce que Paul dit ; car quand nous travaillons, nous travaillons à partir des richesses de la grâce de Dieu. Sa grâce est si infinie que jamais vous ne pourrez l'épuiser ! Cette grâce nous fait travailler et cette grâce est la bonne doctrine en action. C'est l'amour de Dieu déversé sur les hommes et les femmes qui ne le peuvent jamais le mériter. Cette bonne doctrine n'est pas une simple parole, elle doit nous faire agir, avec nos mains et avec nos pieds, en vivant un jour après l'autre.

Motivé par l'amour nous avons vu que Paul devait dire au revoir à ces gens qu'il aimait tant. Il leur a expliqué ce qu'il a fait, ce qu'il est en train de faire, et ce qu'ils devront faire quand il sera parti.

Mais surtout, il était motivé par l'amour de Christ, pour qu'eux aussi aient cet amour pour Christ, pour qu'ils soient motivés par cet amour à leur tour. Ainsi l'amour Agapé qui est décrit dans la Bible, nous conduit à l'action. C'est ce que Paul vivait, comme un père spirituel qui se soucie de ses enfants.

Ce qu'il ne faut pas oublier c'est que le point de départ de tout cela, ce que personne ne voit, c'est qu'il y avait une belle relation d'amour entre l'apôtre Paul et Jésus Lui-même. Jésus a dit : « Si vous m'aimez, gardez mes commandements. » et Il a ajouté (15:12) : « C'est ici mon commandement: Aimez-vous les uns les autres, comme je vous ai aimés. »

Ce genre d'amour, nous montre ce que fait la bonne doctrine dans la vie quotidienne. Et que voyons-nous aujourd'hui dans le monde, dans l'arène économique et politique ? Certainement pas ça ! Il semble que, au contraire, que les gens cherchent quelque chose de solide, quelque chose de réel. Ils veulent autre chose que ce qu'ils voient ; aux dernières élections, la plupart des gens ont voté pour un changement. Et chrétiens, vous savez, que, lorsque vous, êtes en Christ vous avez le changement réel que le monde recherche. L'amour de Christ c'est tout ce qu'il y a de plus solide, de plus réel. Et c'est pourquoi il est si nécessaire, jour après jour, de cultiver cet amour, surtout dans les derniers jours ! L'amour que nous avons vu c'est l'obéissance, et l'obéissance c'est l'action.

Et justement, que se passerait-il si le monde dans lequel nous vivons aujourd'hui, pouvait entendre plus directement la doctrine venue de Jésus Lui-même ? Ou même s'il pouvait le voir à l'œuvre parmi nous, ici à Paris, ou ailleurs ?

Mes chers amis, si vous êtes en Christ, vous avez une responsabilité devant Dieu. C'est à nous, qui sommes remplis du Saint-Esprit de refléter l'amour de Christ. Alors, engageons nous aujourd'hui, à nous approcher de Christ pour cultiver cette relation d'amour que nous avons avec Lui. Demandons-Lui de faire le travail nécessaire en nous ; et approchons-nous de Lui, prions pour qu'Il nous remplisse de Son Saint-Esprit, et nous verrons ce qui va se passer dans nos vies.

Dieu agit encore aujourd'hui ; je suis sûr… Le croyiez-vous ?

3

La Famille de Dieu

J'aime beaucoup les anciennes photos et les cartes postales, étudier les détails. Je me souviens de mes cours d'histoire à l'Université où j'ai appris à analyser l'iconographie et développé mon intérêt pour la recherche, le plaisir d'aller fouiller dans les vieilles archives. J'adore imaginer ce qu'ils vivaient au moment de la photographie. Ce qui m'intéresse peut-être le plus, ce sont les vieilles photos de famille sur lesquelles on a l'impression d'une grande harmonie alors qu'on voit que ces personnes ont des personnalités différentes.

Sachant le temps que cela prenait à l'époque pour prendre un cliché, j'imagine bien le contexte : les parents s'assurant que tout soit parfait et surtout que les enfants se tiennent bien.

C'est surprenant de voir le résultat, cette unité. Est-ce parce qu'il n'y avait pas de problème avant? Ou bien est-ce parce qu'il nous semble que les familles paraissent sereines et soudées qu'une telle harmonie existe rarement de nos jours?

On constate souvent une détérioration de la famille. Je pense, par exemple, aux programmes TV, comme ceux que mes parents regardaient, montraient toujours un noyau familial bien organisé et soudé, alors que dans ma génération les émissions étaient plutôt centrées sur les familles recomposées, voire les familles monoparentales et aujourd'hui ce qui fait une cellule familiale à la télé, c'est une notion d'amour et d'unité, sans la présence des parents...

Dans la Bible, nous avons une idée différente, l'Eglise c'est comme la famille de Dieu. Les membres ne disparaissent pas avec les temps. Je crois que nous devrions faire attention, car bien que l'idée de la famille en général se soit détériorée, cela n'est pas le cas de notre idée de la famille en Christ. En effet, nous lisons en Éphésiens 2, verset 19 :

« Ainsi donc, vous n'êtes plus des étrangers, ni des gens du dehors; mais vous êtes concitoyens des saints, gens de la maison de Dieu. »

Et justement, cette famille, bien que soudée par l'Esprit-Saint, et par le sang de Christ, de nos jours elle est attaquée. Les gens sont de plus en plus individualistes, et sont réticents à s'investir auprès des autres et dans l'Eglise.

En allant à Jérusalem, Paul prend le temps avec des frères et sœurs en Christ. C'est un bel exemple de cet aspect de l'Eglise, de son côté familial. Pendant tout le temps qu'il passe avec eux, malgré les hauts et les bas, on voit apparaître une certaine harmonie.

En Actes, chapitre 21 du verset 1 à 4, nous lisons :

« Nous nous embarquâmes, après nous être séparés d'eux, et nous allâmes directement à Cos, le lendemain à Rhodes, et de là à Patara. Et ayant trouvé un navire qui faisait la traversée vers la Phénicie, nous montâmes et partîmes. Quand nous fûmes en vue de l'île de Chypre, nous la laissâmes à gauche, poursuivant notre route du côté de la Syrie, et nous abordâmes à Tyr, où le bâtiment devait décharger sa cargaison. Nous trouvâmes les disciples, et nous restâmes là sept jours. Les disciples, poussés par l'Esprit, disaient à Paul de ne pas monter à Jérusalem. »

Dans le passage précédant, Paul s'adressait aux anciens de l'église à Éphèse pour la dernière fois à Milet. En quittant la ville, Paul voulait absolument aller à Jérusalem avant la Pentecôte.

En arrivant à Tyr, Paul se trouve juste au nord du territoire Israélien, là où se trouve le Liban actuel. C'était un port historiquement important pour les marchands du premier siècle. C'est pourquoi les marins doivent y décharger leur cargaison. Cela donne à Paul une semaine libre et la première chose qu'il fait c'est chercher une église !

Sa priorité c'est aller à la rencontre des frères et sœurs. Il ne s'agit pas d'implante une église, il y en avait déjà une, (voir en Romains chap.15) mais puisqu'il est là, il, il essaie de trouver d'autres croyants.

Arrêtons-nous un peu sur l'église de Tyr. Elle n'a pas été implantée par

Paul mais le livre des Actes, chapitre 8, nous explique le contexte dans lequel elle a commencé. Les nombreuses persécutions avaient poussé les chrétiens vers les frontières du territoire israélien, et même au delà, et avaient ainsi favorisé la diffusion de la Bonne Nouvelle.

Et qui était responsable de cette persécution? Saul de Tarse ! Cet homme qui avait auparavant persécuté l'Eglise, cherche maintenant une assemblée dans la même région même qu'il terrorisait avant d'avoir rencontré Jésus. Lorsqu'il débarque dans la ville de Tyr, il n'y a plus de conflit. Paul recherche une communion fraternelle.

De la communion à la confusion

Le séjour de Paul se passe au mieux: il partage la Parole avec les frères et sœurs, est logé chez eux selon l'usage de l'Eglise en ce temps-là, et l'Esprit de Dieu se révèle parmi eux.

Poursuivons avec le verset 4:

« Nous trouvâmes les disciples, et nous restâmes là sept jours. Les disciples, poussés par l'Esprit, disaient à Paul de ne pas monter à Jérusalem. »

Une fois encore Paul est averti de ce qui l'attend à Jérusalem, mais ici le message donné par un disciple est de ne pas se rendre dans cette ville. Devant les anciens d'Éphèse il est dit que c'est poussé par l'Esprit que Paul se rend à Jérusalem. Le Saint-Esprit aurait-il changé d'avis ? Mais alors, qu'est-ce qui se passe ?

Une parole a été reçue, certainement la même : « À Jérusalem il va y avoir des souffrances. » on comprend donc que la personne a dû interpréter ce qu'elle a reçu.

Pourquoi cela ? Simplement parce qu'il ne s'agit pas d'un choix de Paul mais de ramener une collecte abondante pour les pauvres de Jérusalem, et c'est évident que l'Esprit-Saint ne s'oppose pas à une collecte pour les pauvres de Jérusalem.

Et deuxièmement, nous savons aussi, grâce au contexte, que c'est son voyage à Jérusalem qui va lui permettre de témoigner devant l'Empereur. C'est la volonté de Dieu, que même quelqu'un comme Néron puisse entendre l'Evangile. Parce que Dieu a tant aimé le monde... le monde !... qu'il a donné Son fils unique, afin que quiconque croit en Lui ne périsse pas mais qu'il ait la vie. Et pour Dieu, dans Sa grande fidélité et dans Sa grande compassion, même quelqu'un comme Néron peut entendre l'Evangile. Dieu a donc prévu que Paul passe par là, mais il l'avertit des souffrances à venir.

Ces gens qui viennent de passer un moment fort avec Paul, ont ajouté leurs propres émotions à la prophétie, ce n'est une bonne idée, pourtant nous comprenons leur réaction.

C'est important de réfléchir à ceci, surtout de nos jours, parce que Dieu choisit rarement la solution de facilité ; la solution facile frappe nos yeux, elle nous semble bien, mais elle ne permet pas à Dieu de faire ce qu'Il fait le mieux, c'est-à-dire de travailler en nous, de nous sanctifier, de davantage nous modeler à l'image de Christ.

Les épreuves, nous donnent un cœur plus compatissant ; et encore plus, elles nous apprennent à compter sur Dieu, car c'est Dieu qui nous délivre. N'oubliez jamais le sens du nom de Jésus, Yahvé (YHWH): 'L'Eternel sauve' !

Il est notre Sauveur, et Il nous a sauvés du péché et de la mort, pour que nous devenions un membre de la famille de Dieu. Son œuvre salvatrice continue tout au long de notre vie !

Bien entouré

Regardons les versets 5 à et 6 :

« Mais, lorsque nous fûmes au terme des sept jours, nous nous acheminâmes pour partir, et tous nous accompagnèrent avec leurs femmes et leurs enfants jusque hors de la ville. Nous nous mîmes à genoux sur le rivage, et nous priâmes.6 Puis, ayant pris congé les uns des autres, nous montâmes sur le navire, et ils retournèrent chez eux. »

Il y avait une véritable communion fraternelle, et ce jusqu'au bout et malgré la prophétie reçue. Paul connaissait la sincérité de leur cœur. C'est pourquoi ils vinrent tous pour accompagner Paul, même les enfants !

Dans ce contexte culturel, la présence des enfants parle d'une façon toute particulière. Cette culture n'accordait pas la même valeur aux enfants et aux hommes importants ! Ils faisaient partie de deux mondes opposés ; ceci nous montre que cette idée qu'on a parfois que Paul est quelqu'un de plutôt d'austère, d'un peu ombrageux, d'un peu renfermé, était fausse ! Peut-être prenait-il les enfants dans ses bras comme Jésus ? Peut-être était-ce parce que les enfants voulaient être présents. Ou même, que les enfants étaient impliqués dans l'église. L'Eglise est composée de tous les âges ! De gens de toutes les nations, de toute origine, rassemblés par le sang de Christ. C'est ça la famille ! Et c'est ce que nous voyons ici quand ils disent au revoir à ce grand homme.

Et puis, l'apôtre Paul continue son voyage:

« Achevant notre navigation, nous allâmes de Tyr à Ptolémaïs, où nous saluâmes les frères, et passâmes un jour avec eux.»

Il ne fait qu'un jour d'escale dans cette ville ; mais il cherche des frères et des sœurs ! Cela montre à quel point c'était important pour lui. Il voulait prier avec eux, partager avec eux, passer du temps avec eux ; même s'ils étaient d'une autre ville, d'une autre dénomination, qu'importait ! Paul voulait être avec des frères et des sœurs en Christ. Paul recherchait cette communion fraternelle.

Je pense aux nombreux visiteurs qui viennent dans notre église, de passage juste pour un dimanche avant de repartir en voyage. Ils viennent simplement parce qu'ils veulent être avec des frères et des sœurs en Christ ! Ils sont bienvenus dans la famille de Christ. A l'exemple de Paul, ayons cette soif de communion.

Une amitié improbable

Verset 8 à 9 :

« Nous partîmes le lendemain, et nous arrivâmes à Césarée. Étant entrés dans la maison de Philippe l'évangéliste, qui était l'un des sept, nous logeâmes chez lui. Il avait quatre filles vierges qui prophétisaient. »

Arrivé à Césarée, même chose : Paul veut être avec des frères et des sœurs. Et cette fois-ci, il est accueilli par Philippe, Philippe qui a maintenant quatre filles qui prophétisent. Qui était Philippe ? Vous en souvenez-vous ? Au livre des Actes, chapitre 6, on rencontre Philippe l'évangéliste qui parlé avec l'Ethiopien.

Bien sûr, un certain laps de temps s'était écoulé entre Actes 7 et 8 (lapidation d'Etienne, premier martyr) et Actes 21. Il n'y a aucun doute que Philippe savait qui était Paul et ce qu'il avait fait subir aux premiers chrétiens, ses frères et sœurs. Et pourtant, et c'est ça qui est merveilleux, et qui n'existe que dans l'Eglise de Christ, Philippe l'accueille chez lui, même s'il a quatre filles qui sont toujours à la maison. Rien n'obligeait Philippe à le faire. Il y avait toute une église là-bas ! Non ! Il l'a accueilli dans sa maison ! Nous avons ici une démonstration du vrai pardon: celui du cœur qui se traduit par des actes. Ça c'est la famille de Dieu !

Ce qui donne la force à Philippe de réagir avec autant magnanimité, c'est qu'il a reçu d'abord le pardon de Christ. Si Philippe était chrétien, c'est parce qu'il avait compris que Jésus-Christ a été crucifié pour son propre péché, que Jésus, le Juste, est mort pour les injustes, et que Son esprit habite en lui. Par la puissance que nous donne le Saint-Esprit, Philippe avait reçu tout ce qu'il faut pour, non seulement pardonner Paul, mais aussi pour l'accueillir comme un frère, parce que c'est ce qu'il était devenu en acceptant Christ.

Grâce à la nouvelle naissance et au Saint-Esprit dans la vie de Paul, il n'est plus Saul de Tarse, le meurtrier, mais il a été radicalement changé pour devenir Paul, l'apôtre. Et c'est ce qui fait toute la différence !

Philippe nous montre un pardon qui vient de Christ, une véritable foi, et un véritable amour qui vient de Dieu.

Il est connu comme Philippe l'évangéliste; il partait certainement pour évangéliser partout dans le monde, et par la grâce de Dieu, ses filles sont devenues prophétesses. Cet homme s'est investi dans la vie de ses enfants, et pas seulement dans leur vie matérielle, en pourvoyant à leurs besoins, mais aussi en les guidant vers Celui qui pourvoit à leurs besoins spirituels et émotionnels.

Mes frères, vous qui avez des enfants ou qui allez en avoir, je vous exhorte à vraiment vous investir dans la vie de vos enfants, parce que les choses de ce monde peuvent vite être remplacées, mais vous avez été choisi pour être leur père, et personne ne peut vous remplacer.

Remplis de l'Esprit ou remplis de peur?

Le voyage continue… Versets 10 à 14 :

« Comme nous étions là depuis plusieurs jours, un prophète, nommé Agabus, descendit de Judée, et vint nous trouver. Il prit la ceinture de Paul, se lia les pieds et les mains, et dit: Voici ce que déclare le Saint-Esprit: L'homme à qui appartient cette ceinture, les Juifs le lieront de la même manière à Jérusalem, et le livreront entre les mains des païens. Quand nous entendîmes cela, nous et ceux de l'endroit, nous priâmes Paul de ne pas monter à Jérusalem. Alors il répondit: Que faites-vous, en pleurant et en me brisant le cœur? Je suis prêt, non seulement à être lié, mais encore à mourir à Jérusalem pour le nom du Seigneur Jésus. Comme il ne se laissait pas persuader, nous n'insistâmes pas, et nous dîmes : Que la volonté du Seigneur se fasse ! »

C'est dans un contexte d'hospitalité et de communion fraternelle qu'un nouvel invité arrive encore de Jérusalem. Agabus était prophète ; il avait reçu un message du Seigneur et il était venu le transmettre. Mais notez la différence avec ce qu'on a vu tout à l'heure. Il n'y a plus seulement le message mais aussi les gestes d'Agabus qui n'interprète pas la prophétie selon ce qu'il en comprend ; il dit tout simplement ce qui va se passer : Paul va être lié et livré aux Païens.

Gardons cela à l'esprit et faisons attention à ce que nous disons au nom du Seigneur. Ce n'est pas juste parce que quelqu'un vient vous dire : J'ai une parole du Seigneur pour toi, pour vous, que c'est vrai ! Surtout si la parole n'a rien à avoir avec ce qui se passe dans votre vie à ce moment-là. Comparez toutes choses avec l'Ecriture, tout simplement pour éviter toute subjectivité.

La façon dont Agabus s'exprime est un peu dramatique, oui, mais ce qu'il dit est exact. Nous le savons, parce que Dieu confirme la parole par des événements. Les frères ont peur, ils sont maintenant en Israël, et la prochaine étape de leur voyage est Jérusalem. La scène qui se déroule devant les frères augmente leur inquiétude, ils veulent protéger Paul. Mais contre toute attente il fait preuve d'une certaine fermeté à leur égard. Il leur dit franchement : « Je suis prêt » jamais il ne perd de vue sa mission et est même décidé à donner ma vie s'il le faut !

Encore une fois, la facilité n'est pas toujours une bonne chose ! Souvent la facilité cache un piège. Ici le piège serait de s'opposer aux plans de Dieu, et en choisissant d'éviter les épreuves qui l'attendent à Jérusalem, il serait en rébellion contre son Seigneur. Alors Paul leur montre sa détermination, il ne veut pas désobéir à Dieu en renonçant. Apparemment les gens ont vu qu'il ne pouvait pas refuser l'appel et ils cessent de le dissuader, car s'ils l'empêchent de suivre Jésus, ils s'opposent aussi à Dieu ! Evidement, leur idée n'est pas de devenir un obstacle pour Paul alors ils s'en remettent à Dieu : « que la volonté du Seigneur se fasse ». On met de côté nos craintes pour soutenir les frères et sœurs dans leur cheminement avec Christ. Et c'est ça aussi une famille !

Une famille a un chef ; et nous aussi, dans l'Eglise, la tête : c'est Jésus. Jésus est la tête de l'Eglise, et il faut que Sa volonté se fasse, que Sa volonté régisse toute l'Eglise. Ils ont compris ce principe si précieux. Et c'est ainsi que l'unité est rétablie.

Nous avons vu un passage qui décrit très bien le côté familial de l'Eglise. Il y avait des hauts, il y avait aussi des moments très difficiles, mais ce qui prévaut c'est l'amour de Dieu en Christ. Et c'est ce lien d'amour qui ne doit jamais être brisé, ni par les différences d'opinion, ni par de petites offenses, ni par les erreurs... parce que parfois les gens se trompent ! Mais nous nous en remettons tous à la grâce de Dieu. Parce que nous sommes pécheurs, nous avons tous été rachetés par le sang parfait de

Christ. Nous sommes tous sur le même pied d'égalité devant la croix de Christ, où le prix de notre rédemption a été payé. Lui qui ne connaissait pas le péché est devenu péché pour nous, afin que nous soyons justifiés. Notre lien est là. Nous ne sommes pas en compétition les uns contre les autres, nous sommes frères et soeurs du même Père céleste ! Nous sommes de la famille de Dieu, quoi que soit notre dénomination.

Vous avez vu, cette fermeté de la part de Paul, sa détermination à aller jusqu'au bout, tout au long, malgré la peur, malgré ses autres soucis ? Comment est-ce possible?

La réponse se trouve en 2 Timothée, chapitre 1 verset 7. C'est Paul qui l'a écrit lui-même, à Timothée, avant sa mort. Il lui dit :

« Car ce n'est pas un esprit de timidité que Dieu nous a donné, mais un esprit de force, d'amour et de sagesse. »

Il avait besoin de cette puissance pour faire face à tout ce qu'il allait arriver. Tous ces d'avertissements ce n'était pas pour dire : Paul cache-toi, mais plutôt : Paul, sois un homme de Dieu, prépare-toi, revêts-toi de l'Esprit !... d'un esprit de force, mais aussi un esprit d'amour, parce qu'il est entouré de gens, des gens de l'Eglise, et aussi parce qu'il devait avoir un coeur pour ses ennemis.

C'est ce que Jésus nous a demandé de faire : « Aimez vos ennemis ». Et cela ne vient pas de nous-mêmes, cela ne vient que par le Saint-Esprit en nous, un esprit d'amour.

L'Esprit donne aussi un esprit de sagesse. En grec la phrase décrit une intelligence qui est en bonne santé. C'est la capacité à discerner et à prendre des décisions pour savoir comment se comporter dans un monde difficile, pour comprendre ce qu'il faut faire quand il y a des persécutions. Voilà le secret de Paul !

Alors, sommes-nous dépourvus de cela aujourd'hui ? Non ! Nous avons l'Esprit de Dieu, nous en avons besoin à chaque instant. Il est facile d'être distrait dans la ville, distrait, par le confort, par les divertissements, par l'actualité, par le travail, et d'avoir peur... mais nous n'avons pas à être remplis de cet esprit-là ! Ce dont nous avons besoin, c'est d'être remplis de cet esprit de force.

Demain, au travail ou ailleurs, vous aurez besoin de la puissance du Saint-Esprit, comment dire non au péché ? Comment tenir ferme face à toutes les exigences de votre journée sans être rempli de l'Esprit de Dieu, et de Son amour ? Comment aimer votre ennemi ? Ou votre patron, ou votre entreprise ?... l'amour de Dieu en vous peut tout !

La Sagesse pour avoir le discernement nécessaire pour diriger votre vie ? C'est l'Esprit Saint qui vous donnera tout cela !

Imaginez ce qui pourrait se passer demain ! Imaginez ce qui pourrait se passer dans la vie de l'église, si nous cherchons à être de plus en plus remplis de Son Esprit ! Avoir plus de Son amour, plus de Sa force, plus de Sa sagesse !

J'ai envie de cela. Et vous que choisissez-vous pour votre vie ?

4

Avoir une vision parfaite

Un jour de printemps, mon épouse Rebecca et moi, nous sommes allés faire du shopping. On voulaient passer du temps ensemble, et comme il commençait à faire un petit peu beau, nous sommes allés voir les lunettes de soleil, un avant goût des vacances d'été ! Nous avons regardé les différents modèles, et les avons essayés... c'était amusant de s'imaginer à la plage... puis le vendeur est arrivé et s'est présenté, et en voyant notre sélection, il a commencé à nous parler des lentilles polarisées. C'était la première fois que j'en entendais parler, donc je n'ai pas vraiment écouté; sa présence a gâché un peu l'ambiance mais il était si passionné qu'il nous expliquait tous leurs atouts, et insistait sur le fait qu'elles aident à ne pas être ébloui par les reflets.

Et moi de dire: « Très bien. Merci Monsieur ».

Nous avons acheté nos lunettes ordinaires et nous sommes partis.

Environ une semaine plus tard, alors que je conduisais, c'était le matin et il y avait un beau soleil. En rentrant dans Paris par le tunnel de Saint Cloud, le soleil frappait juste au-dessus du tunnel et ses rayons m'arrivaient droit dans les yeux. Je portais mes lunettes de soleil bon marché, et ce que j'ai vu, c'était un grand trou noir devant moi. Cela a été rapide, deux secondes au grand maximum, mais j'ai compris, enfin, ce que voulait dire le vendeur !

Effectivement, on peut être aveuglé par une très petite chose qui peut entrainer de graves conséquences. Et c'est une des clés de ce passage. Mais avant, tout commence par de belles retrouvailles.

Le bonheur de se retrouver entre amis

Actes chapitre 21, versets 15 à 17 :

« Après ces jours-là, nous fîmes nos préparatifs, et nous montâmes à Jérusalem. Quelques disciples de Césarée vinrent aussi avec nous, et nous conduisirent chez un nommé Mnason, de l'île de Chypre, ancien disciple, chez qui nous devions loger. Lorsque nous arrivâmes à Jérusalem, les frères nous reçurent avec joie. »

Ils devaient préparer une grande fête juive, celle de la Pentecôte. Selon la coutume, certaines purifications religieuses étaient nécessaires pour pouvoir entrer et louer le Seigneur avec tout le monde, mais le but, c'était vraiment de passer un temps merveilleux avec des frères et des sœurs, et de leur apporter ce don généreux qu'ils avaient pu récolter.

Tout se passait à merveille. Ils étaient chez les frères et sœurs en Christ et ils partageaient un moment convivial. Paul et ses compagnons de voyage purent apporter l'offrande qu'ils avaient récoltée parmi les églises. Certainement, ce don devait être un sujet de joie. De plus, les missionnaires avaient pu expliquer ce qui se passait dans l'église non juive et nous avons l'impression que les habitants de Jérusalem l'écoutaient avec un grand enthousiasme. Des vies étaient changées, des églises naissaient partout dans le monde, et eux, ils pouvaient passer du temps avec ceux qui s'étaient le plus investi dans cette œuvre.

Un plan qui devait marcher, ou presque...

Le lendemain, Paul alla voir Jacques, qui était non seulement le responsable de l'église de Jérusalem, mais aussi était le frère de Jésus. Jusque là, Jacques semblait avoir fait un bon travail dans cette église. Beaucoup de gens croyaient au Seigneur, et Paul ne ratait pas l'occasion de pouvoir partager tout ce que le Seigneur avait fait.

Versets 18 à 25 : « Le lendemain, Paul se rendit avec nous chez Jacques, et tous les anciens s'y réunirent. Après les avoir salués, il raconta en détail ce que Dieu avait fait au milieu des païens par son ministère. Quand ils l'eurent entendu, ils glorifièrent Dieu. Puis ils lui dirent: Tu vois, frère, combien de milliers de Juifs ont cru, et tous sont zélés pour la loi. Or, ils ont appris que tu enseignes à tous les Juifs qui sont parmi les païens à renoncer à Moïse, leur disant de ne pas circoncire les enfants et de ne pas se conformer aux coutumes. Que faire donc? Sans aucun doute la multitude se rassemblera, car on saura que tu es venu. C'est pourquoi fais ce que nous allons te dire. Il y a parmi nous quatre hommes qui ont fait un vœu; prends-les avec toi, purifie-toi avec eux, et pourvois à leur dépense, afin qu'ils se rasent la tête. Et ainsi tous sauront que ce qu'ils ont entendu dire sur ton compte est faux, mais que toi aussi tu te conduis en observateur de la loi. A l'égard des païens qui ont cru, nous avons décidé et nous leur avons écrit qu'ils eussent à s'abstenir des viandes sacrifiées aux idoles, du sang, des animaux étouffés, et de l'impudicité. »

Tout ce que Jacques dit est très sensé. Il est content que l'Evangile se répande partout dans le monde ! Les gens sont changés, nés de nouveau ! Des hommes et des femmes qui, auparavant, étaient des Païens complets, maintenant louent le Dieu vivant et vrai. Et Paul n'y était pas seul, il avait avec lui tous ces témoins qui avaient vu la même chose.

Ne serait-ce pas merveilleux d'entendre ce genre de nouvelles, racontées par les gens qui les ont vécues ? C'était vraiment une joie pour Jacques !

Mais lui aussi avait quelque chose à partager : « Tu sais, Paul, ici aussi, à Jérusalem, il y a des choses qui se passent. Il y a des dizaines de milliers de gens d'origine juive qui savent que Jésus est le Messie. Ça commence à prendre racine ! »

Quelle joie !... mais il y avait juste un petit hic... Oui, ils étaient sur la bonne voie, mais ils n'avaient pas tout compris. En fait, ils étaient très zélés pour la loi. Et d'ailleurs, n'est-ce pas normal, d'un point de vue purement humain, sachant qu'ils avaient suivi la loi pendant toute leur vie.

Rappelez-vous, Jésus était né juif, n'est-ce pas ? Il a donc grandi dans le milieu juif, et à l'époque, ce que nous appelons la Chrétienté était plutôt vue comme un divergence du Judaïsme. Tous ces gens qui avaient aussi grandi dans ce système, la seule chose qui changeait pour eux, c'était qu'ils se rendaient compte que le Messie était venu. Le Messie est venu !

Désormais, ils mettaient leur foi en Lui, ils attendaient Son retour, et du coup, ils avaient plus de force, plus de zèle, pour suivre la loi avec l'idée d'être toujours présentables devant Dieu ! C'est pourquoi Jacques doit donc leur enseigner la grâce.

Les rumeurs poussent comme des mauvaises herbes...

Entretemps, des rumeurs couraient disant que Paul enseignait aux autres Juifs d'abandonner la loi, comme s'il voulait détruire leur identité et remplacer Israël par l'Église. Ce n'était pas son but, et c'était même facile de démentir ces mensonges mais les gens en parlaient...

Rappelez-vous du zèle que vous aviez quand vous êtes devenu Chrétien: vous aviez beaucoup de zèle, pas beaucoup de maturité ni d'expérience dans la foi, il y avait des points de doctrine qui n'étaient pas encore bien établis; multipliez cela par dix milles personnes (les convertis à Jérusalem à l'époque), et vous avez une situation assez explosive !

C'est donc avec beaucoup de sagesse, que Jacques leur dit : « Voilà ce que nous allons faire : nous n'allons rien changer dans tout ce que nous avons dit aux Païens...voilà, nous restons sur nos positions ; mais, comme toi tu es Juif, avec cet argent que tu as apporté, tu pourrais peut-être payer pour ces autres frères qui ont fait un vœu, tu les soutiendrais financièrement, tu pourrais les emmener au temple avec tout le monde, et ainsi ils verront tes actes, ils verront ta sincérité, et ces rumeurs se dissiperont devant la réalité. »

Mais n'oubliez pas ceci, qui est très cher au cœur de Paul, en 1 Corinthiens 9, verset 20 : « Avec les Juifs, j'ai été comme Juif, afin de gagner les Juifs; avec ceux qui sont sous la loi, comme sous la loi (quoique je ne sois pas moi-même sous la loi), afin de gagner ceux qui sont sous la loi; »

Vous voyez qu'il a tout fait pour l'Evangile, pour réunir tout le monde sous la bannière de Christ ; parce que c'est Christ qui est le centre, pas les petites dénominations : Christ !

Alors Paul participe à la purification: regardez au verset 26 :

« Alors Paul prit ces hommes, se purifia, et entra le lendemain dans le temple avec eux, pour annoncer à quel jour la purification serait accomplie et l'offrande présentée pour chacun d'eux. »

Ceci dit, vous comprenez que Paul n'est pas en train de dévier, comme certains le disent ; certains critiquent tout ce qu'il a fait ici, ces sacrifices et tout, et disent qu'il était en train de dévier. Mais nous voyons que ce n'est pas du tout ça.

Et justement : face aux accusations, la meilleure chose n'est pas forcément de les contredire verbalement; parfois la meilleure chose à faire c'est de montrer la vérité par notre vie. Et c'est ce que Paul fait. Son intention est d'apaiser les tensions.

Vu de l'extérieur, on ne peut pas dire que Paul est en train d'abandonner la loi. Mais n'oubliez pas que l'Esprit avait déjà dit explicitement qu'à Jérusalem, Paul allait souffrir et qu'il allait être livré aux mains des Païens.

Mais encore autre chose, au crédit de Paul: il ne baisse pas les bras ; il n'entre pas dans un système de pensée fataliste. Et c'est un bon exemple pour nous lorsque les problèmes arrivent que ce soit être en retard, un souci au travail, ou une situation dans votre famille...

Or cet homme, c'était un homme de Dieu, rempli du Saint-Esprit, c'était un apôtre, mais aussi un homme. Celui-ci, sachant qu'il allait souffrir, vint tout même à Jérusalem rempli de joie, il s'est rasé la tête, a payé pour ces autres personnes, même s'il savait que cela risquait de mal se terminer pour lui.

Paul, victime des mensonges et de la confusion

Versets 27 à 29 : « Sur la fin des sept jours, les Juifs d'Asie, ayant vu Paul dans le temple, soulevèrent toute la foule, et mirent la main sur lui, en criant: Hommes Israélites, au secours! Voici l'homme qui prêche partout et à tout le monde contre le peuple, contre la loi et contre ce lieu; il a même introduit des Grecs dans le temple, et a profané ce saint lieu. Car ils avaient vu auparavant Trophime d'Éphèse avec lui dans la ville, et ils croyaient que Paul l'avait fait entrer dans le temple. »

Ces hommes-là étaient venus d'Asie, ce sont les mêmes perturbateurs qui ont suivi Paul et essayaient de s'interposer dans son ministère. Ils ont vu Paul avec des Grecs, maintenant qu'ils sont à Jérusalem, ils le voient dans le temple avec d'autres personnes qui ont la tête rasée, et peut-être qu'ils ne peuvent plus dire qui est qui... c'est ce qui constitue pour eux une occasion parfaite.

Avec une voix très forte, en plein milieu des prières, lorsque le temple est vraiment plein, ils crièrent : « Regardez, là, c'est Paul. Il a amené des non Juifs dans le temple ! » Et vous devinez la suite :

Tout le monde fut scandalisé, parce que dans le temple il y avait ces panneaux qui disaient : Il ne faut pas franchir ces barrières ! Et cet homme-là est Juif, il sait tout cela, et pourtant il ose amener des non Juifs dans le cœur du temple ! Et puis, on peut continuer à imaginer leurs accusations : Comment cela est-il possible ? Et puis, les gens écoutent, ils se disputent, ils crient : Impossible ! Les autres reprennent à leur tour, et tout s'enchaîne: c'est l'émeute ! Ils s'appuient sur l'ignorance des gens, et ils tordent la vérité.

Paul était innocent ! Il ne rejetait pas la loi ; en fait, il dit plusieurs fois que la loi est très utile ; regardez ce qu'il dit de la loi en Galates - et d'ailleurs, la Galatie c'était la région d'où venaient ces faux accusateurs. En Galates 3, verset 24 : « Ainsi la loi a été comme un pédagogue pour nous conduire à Christ, afin que nous fussions justifiés par la foi. » C'est juste un exemple de ce que les calomniateurs auraient pu lire par eux-mêmes avant de tordre le sens du message que Paul prêchait. Pour lui, la loi est bien utile !

Paul n'était pas en train de rejeter la loi, il l'utilisait pour amener les gens à Christ ! Il était accusé faussement, et le voilà à présent roué de coups. Le sujet qui fâche n'est pas que Paul prêchait au peuple non Juif car c'était bien documenté que les Juifs de cette époque participaient à des œuvres de prosélytisme. En fait, Jésus a fait des reproches aux Pharisiens, en Matthieu 23, parce qu'ils cherchaient des prosélytes partout dans le monde, mais qu'après les avoir enseignés, ces gens devenaient dix fois pires qu'eux ! Donc, l'idée d'aller partager la Parole de Dieu avec des non Juifs n'était pas étrangère à ces gens-là.

Mais ils sont aveuglés. Pourquoi ? Les émotions, les mensonges, un mouvement de foule, et aussi parce qu'ils étaient dans le temple ! Les adorateurs de Dieu ont été interrompus dans leur adoration par la violence ! Je ne pense pas que, ces gens pouvaient objectivement réfléchir à tout ce qui se passait autour d'eux. Cela n'excuse pas du tout leur comportement, surtout dans la Maison de Dieu qui est un lieu de prières, mais c'est ce qui se passe. La ruse marche.

Sauvé par les gardes romains

Versets 30 à 36 : « Toute la ville fut émue, et le peuple accourut de toutes parts. Ils se saisirent de Paul, et le traînèrent hors du temple, dont les portes furent aussitôt fermées. Comme ils cherchaient à le tuer, le bruit vint au tribun de la cohorte que tout Jérusalem était en confusion. A l'instant il prit des soldats et des centeniers, et courut à eux. Voyant le tribun et les soldats, ils cessèrent de frapper Paul. Alors le tribun s'approcha, se saisit de lui, et le fit lier de deux chaînes. Puis il demanda qui il était, et ce qu'il avait fait. Mais dans la foule les uns criaient d'une manière, les autres d'une autre; ne pouvant donc rien apprendre de certain, à cause du tumulte, il ordonna de le mener dans la forteresse. Lorsque Paul fut sur les degrés, il dut être porté par les soldats, à cause de la violence de la foule; car la multitude du peuple suivait, en criant: Fais-le mourir! »

La confusion est totale ! Les Romains durent alors intervenir ; ils descendirent de leur forteresse, entrèrent dans la cour du temple, et arrachèrent Paul à la foule ! En fait, le miracle c'est qu'ils parvinrent à le sauver. Normalement, Rome fermait l'œil sur ce genre de choses. Je veux vraiment vous souligner ce grand paradoxe dont nous sommes ici témoins : ce sont des gens de bien, des gens qui vont au temple, et les voilà en train de battre un homme de Dieu bien qu'ils n'aient aucune preuve.

En Ésaïe 56, verset 7, nous avons un verset intéressant ; vers la fin de ce verset nous lisons ceci : « Car ma maison sera appelée une maison de prière pour tous les peuples. » Pour tous les peuples ? Il semblerait qu'il en soit autrement.

Ils sont en train de rejeter Paul et de le battre de cette façon. Jacques est-il complice ? Regardez ce qu'il dit en Jacques chapitre 3, verset 14, et vous verrez sa position sur ce genre de chose : « Mais si vous avez dans votre cœur un zèle amer et un esprit de dispute, ne vous glorifiez pas et ne mentez pas contre la vérité. Cette sagesse n'est point celle qui vient d'en haut; mais elle est terrestre, charnelle, diabolique. » Il dit donc que c'est complètement démoniaque de faire ce genre de chose. Donc, il n'a aucune responsabilité dans les événements qui se sont passés. Qu'est-ce que cela nous dit ? Nous voyons que des gens qui normalement sont bons, sensés, peuvent être profondément sincères et avoir complètement tort.

D'un préjugé vers un autre

Et Dieu arracha Paul au danger. Il le fit grâce à ce centenier qui prit Paul à part, l'emmena dans la forteresse, en l'accusant d'être responsable d'une autre révolte, le prenant pour un Egyptien. Bien que le soldat soit utilisé par Dieu, il n'est pas un saint! On ressent son mépris pour tous les Israélites lorsqu'il répond à Paul au verset 37 : « ...Paul dit au tribun: M'est-il permis de te dire quelque chose? Le tribun répondit: Tu sais le grec? » Il ne pensait pas qu'un homme né Juif puisse parler le grec. Puis regardez au verset 39 : « Je suis Juif, reprit Paul, de Tarse en Cilicie, citoyen d'une ville qui n'est pas sans importance. Permets-moi, je te prie, de parler au peuple. » En d'autres mots : je suis citoyen romain !

Quelle situation ! Mettez-vous à la place de Paul ; d'un côté condamné selon les préjugés de votre propre peuple, et de l'autre jugé selon les préjugés des autorités qui vous gouvernent! Il devait se sentir un peu seul.

Mais c'est ce moment que le Seigneur choisit pour intervenir, et Il permet à Paul de s'adresser à toute la ville. Ce n'est pas une petite chose, car Paul a déjà dit en Romains chapitre 9, verset 3, qu'il préférait être lui-même anathème, c'est-à-dire exclu du royaume de Dieu, si cela pouvait sauver son peuple.

Ensuite, plus tard, en Romains 10, il dit pratiquement la même chose : il veut vraiment les aider : le problème avec ces gens, c'est qu'ils sont ignorants !

Paul réalise son rêve de pourvoir parler ouvertement à Jérusalem

Enfin, il a l'occasion de s'adresser à la ville entière pour parler de Christ.

Avez-vous déjà vécu cela ? Vous êtes à deux pas de réaliser un grand projet, une grande vision, quelque chose que vous voulez depuis longtemps... c'est exactement ce qui se passe pour Paul. Il s'adresse à la foule, il parle à la foule en hébreu, le silence se fait : ils écoutent.

Il leur dit d'abord comment il est venu au Judaïsme. Regardez au verset 1 du chapitre 22, il dit :

« Hommes frères et pères, écoutez ce que j'ai maintenant à vous dire pour ma défense! Lorsqu'ils entendirent qu'il leur parlait en langue hébraïque, ils redoublèrent de silence. »

Il leur dit qui il était: un Juif, né à Tarse en Cilicie. Puis, au verset 3 qu'il a été éduqué par l'un des plus grands rabbins, Gamaliel. Cela veut dire que, si eux sont zélés, lui aussi l'était. En fait, en ce qui concernait la loi, c'était un champion, il les comprenait.

Lorsque vous parlez à des gens que vous ne connaissez pas, ou même que vous connaissez d'ailleurs, mais qui sont non-croyant, n'oubliez pas d'où vous venez et où ils sont ! Ce n'est pas la peine de leur faire une grande dissertation théologique ou doctrinale, faites un, deux, trois, ou quatre pas vers eux. En fait, la règle c'est : soyez normaux, humains ! C'est ce que Paul fit.

Puis il dit tout haut la question qu'ils devaient tous se poser : « si toi tu es Juif et bien ancré dans la loi, comment se fait-il que tu crois que Jésus est le Messie ? » Très bonne question ! Et Paul d'expliquer sa conversion: « en fait, j'étais sur la route de Damas, et le Seigneur m'est apparu, et c'était tellement brillant et tellement puissant que je suis tombé de mon cheval ; c'était le Seigneur qui se manifestait à moi de cette manière forte et incroyable. Comment aurais-je pu dire non ? »

Par ailleurs, n'oubliez pas que vous aussi vous avez une histoire ! En général Les gens veulent savoir comment se fait-il que vous croyiez en Jésus ? Pourquoi ? Que s'est-il passé ? Même s'ils n'abordent jamais la question, vous pouvez être sûrs qu'ils veulent savoir ! Cela les intriguent.

C'est un peu comme quelqu'un qui a une petite tâche sur sa chemise. Si vous êtes poli, ou timide, vous n'allez peut-être pas demander : « comment se fait-il que tu aies une petite tache rouge, là, sur ta chemise ? » Mais pendant toute la conversation qu'est-ce que vous allez regarder ?

La même chose pour eux : ils se demandent : « Comment se fait-il que toi qui es intelligent, toi qui fait toutes ces choses, comment se fait-il que tu connaisses Jésus ? Que s'est-il passé ? » Soyez confiant et répondez-leur simplement.

Regardez ce que Paul fit au verset 12. Il continua son histoire parla de ce que Le Seigneur avait changé en lui: « Or, un nommé Ananias, homme pieux selon la loi, et de qui tous les Juifs demeurant à Damas rendaient un bon témoignage, vint se présenter à moi, et me dit: Saul, mon frère, recouvre la vue. Au même instant, je recouvrai la vue et je le regardai. »

Il était donc aveuglé spirituellement et physiquement et le Seigneur l'a guéri des deux choses au même moment. Il est très important de ne jamais oublier cela. Selon 2 Corinthiens 3, verset 14, nous lisons que le peuple juif est aveuglé chaque fois que la loi de Moïse est lue ; ils sont aveuglés parce qu'ils n'ont pas cru. C'est la même chose avec les gens du dehors, ils sont aveuglés ! Prions pour eux.

Revenons en Actes 22, au verset 14 ; Ananias dit : « Il dit: Le Dieu de nos pères t'a destiné à connaître sa volonté, à voir le Juste, et à entendre les paroles de sa bouche; car tu lui serviras de témoin, auprès de tous les hommes, des choses que tu as vues et entendues. Et maintenant, que tardes-tu? Lève-toi, sois baptisé, et lavé de tes péchés, en invoquant le nom du Seigneur.»

Avec Jésus, vous ne pouvez jamais être neutre. C'est Jésus qui le dit. Tôt ou tard Il exigera une réponse. Par exemple, Jésus dit en Apocalypse 22 verset 13 : Je suis l'alpha et l'oméga, le premier et le dernier, le commencement et la fin. Clairement Jésus proclame qu'il est Dieu. Soit Il est Dieu comme Il l'a dit, ou Il ne l'est pas. Paul est arrivé à la conclusion, qu'Il est Dieu. Jésus est Dieu incarné ! Il est le Seigneur ressuscité ! C'est donc le moment de faire quelque chose : mettre sa foi en Lui, abandonner ses péchés et être baptisé. Il faut choisir, tôt ou tard il faut choisir. Et Paul a choisi.

Puis Paul continua son discours, et il se trouvait dans le temple, et c'est ce qui importait vraiment pour les gens qui écoutaient. Penchez-vous sur le verset 17 : « De retour à Jérusalem, comme je priais dans le temple, je fus ravi en extase » Donc il était en train de prier dans le temple, et il a eu une vision. « et je vis le Seigneur qui me disait: Hâte-toi, et sors promptement de Jérusalem, parce qu'ils ne recevront pas ton témoignage sur moi. »

La goutte d'eau qui déborde...

A plusieurs reprises Le Seigneur a parlé à Paul, il sait à quoi s'attendre : c'est un homme averti qui s'adresse à la foule : « Alors il me dit: Va, je t'enverrai au loin vers les nations... »

Et sur ces paroles, toute la ville éclate. Après un long discours au sujet de sa vie, son engagement, sa conversion, son appel et pourquoi il est là, le seul mot retenu fut 'païens'.

Voyez à quel point les petits préjugés, les petites idées toutes faites, peuvent nous obscurcir la vue ! Ils étaient des gens bien et pourtant ils sont passés à côté d'une chose très importante.

Et le pauvre Paul fut à nouveau malmené par les Romains ; ils le frappèrent pour le faire parler, mais au verset 25, il les interpella: « Lorsqu'on l'eut exposé au fouet, Paul dit au centenier qui était présent: Vous est-il permis de battre de verges un citoyen romain, qui n'est pas même condamné? » La loi romaine était stricte, le zèle du centenier pouvait être sévèrement puni. Paul se protège ainsi d'une torture certainement mortelle.

Les « lunettes polarisées » spirituelles

Nous allons conclure : à cause des petites distractions, à cause des préjugés, (comme mon anecdote, mentionnée au début, à propos des lunettes polarisées) ces gens sont passés à côté de toutes les bénédictions qui sont dans l'Evangile !

Ils étaient dans le temple, mais ils ont raté le Messie. Quelle tristesse! Être dans le temple, surtout celui de Jérusalem et rater le Messie ! À cause de ces petits aveuglements pas si petits que ça finalement, voici tous ces gens de bien en train de rouer de coups un véritable serviteur de Dieu.

Ces choses-là ne sont pas courantes ? Les avez-vous vécues ? Avez-vous été attaqués ou faussement accusé par quelqu'un que vous connaissez bien ? Cela nous arrive à nous tous !

Ou bien avez-vous été la personne qui, à tort, a accusé quelqu'un d'autre ?

Quelles sont les choses qui nous aveuglent, et qui obscurcissent notre regard sur Jésus ?

Plusieurs choses peuvent en être la cause : la déception, des choses qui ne se passent pas comme vous l'auriez souhaité les pertes... Alors votre pensée est tellement absorbée par la perte, par la déception,... que vous n'arrivez plus à voir Jésus. Et vous êtes tellement occupés à vous débattre dans les difficultés que peut-être vous passez à côté de Celui qui est là, et qui vous tend la main.

Qui, dans l'état actuel de l'économie mondiale, n'a pas ressenti, l'angoisse stressante de devoir payer des factures alors que vous manquez d'argent ? Ceci peut aussi très bien nous aveugler et nous cacher Jésus.

Alors, que devons-nous faire ?

Revenons d'abord aux pieds de Dieu, et commençons par nous repentir :

« Oui, Seigneur, pardonne-moi, j'ai cessé de regarder à toi, j'ai pensé que cette dette, cette perte, cette déception, étaient plus grands que Toi, et que Tu allais m'abandonner. »

C'est du péché, parce que c'est attribuer à Dieu quelque chose qui est contraire à la Parole de Dieu. Autrement dit, même si vous ne l'avez pas dit expressément, c'est comme si vous disiez : « Dieu Tu as menti, parce que Tu m'as abandonné et Ta Parole dit que Tu ne m'abandonneras jamais. » C'est pour cela qu'il faut se repentir, et revenir à la Croix.

Dites à Dieu tout ce que vous avez sur le cœur. Mes moments de louange les plus précieux, c'est lorsque je suis seul et que je dis à Dieu tout ce que j'ai sur le cœur, un peu comme dans les Psaumes, il ne s'agit pas de beauté poétique, mais de l'honnêteté, de la beauté du cœur. Je Lui dis tout ! La clé pour éviter cela; en fait, c'est simple : il faut prier et lire sa Bible chaque jour, pour que chaque jour, jour après jour, on se pose cette question qui est en Psaumes 139, versets 23 et 24 : « Sonde-moi, ô Dieu ! » ... peut-être êtes-vous un peu sorti du chemin et ne l'avez pas remarqué.

5

Jésus nous donne du courage

"Courage pour les grandes douleurs de la vie, et patience pour les petites. Et puis, quand vous avez laborieusement accompli votre ouvrage de chaque jour, endormez-vous avec sérénité, Dieu veille." - Victor Hugo [3]

À l'université, j'avais un prof d'histoire grecque ancienne qui était un peu particulier. Il faisait de belles élocutions et nous transportait dans son monde, bien loin de la salle d'audience mais au moment des examens, il avait l'habitude surprenante de ne jamais nous interroger sur ce que nous avions étudié ensemble.

L'histoire grecque ancienne est un sujet fascinant, et je voulais vraiment avoir une bonne note alors, je me suis bien préparé selon tout ce que nous avions vu ensemble. J'aurais dû m'y attendre, mais le jour de l'examen final, les deux questions qui nous étaient posées, n'avaient pas du tout été abordées dans l'amphithéâtre ; ce fut la crise d'angoisse en voyant la feuille devant moi.

C'est quelque chose que nous connaissons tous ; cela arrive aussi dans le monde du travail : vous aviez un projet à présenter, mais au dernier moment, un collègue voit la petite faille que vous n'avez pas vue depuis le début ! Enfin, le projet semble inutilisable et votre belle confiance s'évapore.

Est-ce qu'un apôtre peut avoir cette peur ? Dans le vingt troisième chapitre des Actes l'apôtre Paul a connu une telle crise. Tout semblait aller comme il le voulait ; il avait un entretien avec des gens qu'il connaissait, des gens qu'il souhaitait ardemment connaître dans la foi, mais tout risquait de tomber à l'eau avant que le Seigneur n'intervienne. Paul a trouvé du courage ce jour-là non pas en se confortant dans ce qu'il voulait mais dans la présence de Jésus.

---

[3] HUGO, Victor, Lettre de Victor Hugo à Savinien Lapointe, Mars 1841

Une petite gaffe

Tout commence lorsque Paul est devant le Sanhédrin à partir du chapitre 22 verset 30 :

« Le lendemain, voulant savoir avec certitude de quoi les Juifs l'accusaient, le tribun lui fit ôter ses liens, et donna l'ordre aux principaux sacrificateurs et à tout le sanhédrin de se réunir; puis, faisant descendre Paul, il le plaça au milieu d'eux. Paul, les regards fixés sur le sanhédrin, dit: Hommes frères, c'est en toute bonne conscience que je me suis conduit jusqu'à ce jour devant Dieu... Le souverain sacrificateur Ananias ordonna à ceux qui étaient près de lui de le frapper sur la bouche. Alors Paul lui dit: Dieu te frappera, muraille blanchie! Tu es assis pour me juger selon la loi, et tu violes la loi en ordonnant qu'on me frappe! Ceux qui étaient près de lui dirent: Tu insultes le souverain sacrificateur de Dieu! Et Paul dit: Je ne savais pas, frères, que ce fût le souverain sacrificateur; car il est écrit: Tu ne parleras pas mal du chef de ton peuple. Paul, sachant qu'une partie de l'assemblée était composée de sadducéens et l'autre de pharisiens, s'écria dans le sanhédrin: Hommes frères, je suis pharisien, fils de pharisiens; c'est à cause de l'espérance et de la résurrection des morts que je suis mis en jugement. Quand il eut dit cela, il s'éleva une discussion entre les pharisiens et les sadducéens, et l'assemblée se divisa. Car les sadducéens disent qu'il n'y a point de résurrection, et qu'il n'existe ni ange ni esprit, tandis que les pharisiens affirment les deux choses. Il y eut une grande clameur, et quelques scribes du parti des pharisiens, s'étant levés, engagèrent un vif débat, et dirent: Nous ne trouvons aucun mal en cet homme; peut-être un esprit ou un ange lui a-t-il parlé. Comme la discorde allait croissant, le tribun craignant que Paul ne fût mis en pièces par ces gens, fit descendre les soldats pour l'enlever du milieu d'eux et le conduire à la forteresse. »

Son procès était une occasion en or de partager sa foi avec ses maîtres anciens. Il n'aurait pas eu l'occasion de parler à ces gens-là depuis sa conversion. Son désir était qu'ils puissent reconnaître que Jésus est le Messie. L'idée que le Sanhédrin l'accepte n'était pas farfelu parce que Jésus est l'accomplissement de la Loi et des prophéties.

C'est pourquoi il a commencé sa défense en disant: « Dès le début j'ai agi en bonne conscience. » On a l'impression que Paul pense au fond de lui-même : « Ah, s'ils savaient !... Ils se tourneraient certainement vers le Seigneur ! » Mais le Sanhédrin n'ignorait rien de l'histoire de Jésus et pour eux cette attitude était choquante.

Ils prenaient cette déclaration de Paul pour une insulte, presque comme un blasphème, et le souverain sacrificateur a réagi aussitôt en disant : « Frappez-le ! »... Paul, étonné par le tournant que prennent les événements, réagit en disant quelque chose qu'il n'aurait pas dû dire ! Il insulte publiquement le souverain sacrificateur ! Pris de remords, il se repent et s'explique : « Je ne savais pas que c'était lui. »

Comment se fait-il que Paul ne sache pas que c'était le souverain sacrificateur, alors qu'au verset 1 nous lisons qu'il avait les regards fixés sur le Sanhédrin ?

Il y a quelques possibilités : la première c'est que, à l'époque, la fonction de souverain sacrificateur était politique et que le titulaire changeait tous les ans. Comme il y avait longtemps que Paul avait quitté Jérusalem, il se peut qu'il ne l'ait pas reconnu, tout simplement. Mais on pourrait dire : et ses robes sacerdotales ? Là aussi, c'étaient les Romains qui détenaient ces vêtements et ils ne donnaient l'autorisation de les porter qu'à des occasions bien précises. En fait, les Romains avaient organisé cette réunion le jour qui avait suivi l'émeute, ils n'y ont peut-être même pas pensé.

Quoi qu'il en soit, Paul voyait ses espoirs de convaincre cette grande assemblée, tomber à l'eau. Comment allait-il convaincre le Sanhédrin qu'il avait agi en bonne conscience et que Jésus est le Messie après avoir insulté le souverain sacrificateur ? Paul change de tactique.

Il savait que l'assemblée était divisée en deux parties ; les Sadducéens et les Pharisiens. Les Sadducéens ne croyaient pas à ce qui est surnaturel, et évidemment il n'allait pas les convaincre. De leur côté, les Pharisiens croyaient à la résurrection et à une interprétation littérale de l'Écriture. De plus, il y avait déjà parmi les Pharisiens certains qui croyaient en Jésus. Voilà une ouverture qu'il pouvait exploiter. Il déclara bien fort : « Moi, je suis Pharisien, fils de Pharisiens ! »... et du même coup il divisa radicalement l'assemblée.

La question du surnaturel et l'interprétation de l'Écriture étaient les grandes polémiques de leur époque. Bien sûr, Paul aimerait bien exploiter la croyance des Pharisiens pour pouvoir prêcher Jésus à tous. Mais si ces gens-là se déchiraient tellement que le tribun dut arracher Paul à la scène, aucun débat ne put avoir lieu.

C'est ainsi qu'il fut de nouveau retiré de l'émeute ; pour la deuxième fois alors qu'il essayait de témoigner auprès de son peuple. Il devait ressentir cette crise dont j'ai évoqué au début du chapitre en se disant : « Serais-je passé à côté de l'occasion, ai-je mal agi ? »

La voix qui console

Pour lui, c'était un échec total et on peut très bien imaginer sa souffrance intérieure. Mais regardez ce qui se passe, en chapitre 23 verset 11 :

« La nuit suivante, le Seigneur apparut à Paul, et dit: Prends courage; car, de même que tu as rendu témoignage de moi dans Jérusalem, il faut aussi que tu rendes témoignage dans Rome. »

C'est essentiel parce que c'est ce qui l'a le plus touché ; même au milieu de sa déception le Seigneur s'approcha de lui. Dieu connaît les cœurs, il est un appui véritable pour ceux qui se confient en Lui.

Même au milieu de la détresse le Seigneur s'approche de nous ! Mais Le recevons-nous ? Très souvent nous méditons sur nos échecs, nous réfléchissons à ce que nous avons fait de travers, et pourtant, Il est là, tout près... Mais écoutons-nous à sa voix ?

Dans sa panique Paul ne repoussa pas le Seigneur, il s'approcha de Lui.

En réalité, les choses n'étaient pas aussi graves que Paul le pensait. Tout comme pour nous, ce n'est jamais aussi grave qu'on l'imagine ! On pourrait même dire que tout allait mal parce que Paul faisait tout bien pour la cause de Jésus et c'est Jésus que les gens n'acceptaient pas. Pour être réaliste, Paul était même en plein milieu de la volonté de Dieu. Voilà ce qui est important pour nous, ce que nous devons garder à cœur dans nos épreuves. Rappelons-nous bien ce que le Seigneur dit en Ésaïe 55: 9 à 11 :

« Autant les cieux sont élevés au-dessus de la terre,

Autant mes voies sont élevées au-dessus de vos voies,

Et mes pensées au-dessus de vos pensées.

Comme la pluie et la neige descendent des cieux,

Et n'y retournent pas

Sans avoir arrosé, fécondé la terre, et fait germer les plantes,

Sans avoir donné de la semence au semeur

Et du pain à celui qui mange,

Ainsi en est-il de ma parole, qui sort de ma bouche:

Elle ne retourne point à moi sans effet,

Sans avoir exécuté ma volonté

Et accompli mes desseins. »

C'est un verset à retenir pour ces moments d'angoisse. Quand le Seigneur s'approche, malgré les circonstances, la chose à faire est de lever les yeux vers les cieux, et de regarder combien ils sont hauts au-dessus de notre tête, et de nous rappeler que Ses pensées aussi sont élevées bien au-dessus des nôtres. Le Seigneur n'est pas une image parfaite de ce que nous imaginons de nous-mêmes, c'est nous qui avions été créé à Son image, et Ses pensées ne sont pas les nôtres, Ses pensées sont bien au-dessus des nôtres ! Et ce genre de déceptions nous offrent une occasion de nous approcher de Lui, sachant que Sa Parole ne revient pas à vide, mais accomplira tout ce qu'Il a projeté.

Donc le Seigneur s'approche de Paul et lui dit ces deux petits mots qui sont si tendres, si parfaits : « Prends courage. »

Nous définissons le courage ainsi : fermeté, force morale face aux épreuves, au danger et à la souffrance. Ce courage dont nous parlons, ce n'est pas quelque chose qu'il peut fabriquer lui-même, ce n'est pas quelque chose qu'il peut imiter, c'est spécifique, ça vient de Jésus, c'est Jésus qui lui parle.

Cela n'a rien à voir avec notre « Bon courage ! » Jésus ne se moque pas de Paul ; en fait quand Il dit « Prends courage ! » c'est bien sûr un encouragement, mais aussi une exhortation, parce que s'il perd courage... et si nous perdons courage, nous devenons plus fragiles et donc plus susceptibles aux erreurs et aux doutes qui mènent à d'autres échecs, parce qu'on ne pense plus clairement. Quand Jésus lui dit « Prends courage ! » c'est donc une exhortation, mais, sachez-le bien, c'est aussi un ordre... un ordre du Seigneur.

Le courage est un ordre ?

C'est ce qui s'est passé avec le paralytique : lorsque Jésus lui dit : « Prends ton lit et marche. » ce n'était pas pour se moquer de cet homme ; évidemment Jésus savait qu'il était paralytique ! Mais il fallait que l'homme se lève !

Comment est-ce possible ? Parce qu'au moment où il décide d'obéir, le Seigneur lui donne la force d'obéir, et ainsi il pouvait se lever et marcher. Quand le Seigneur dit « Prends courage ! » et que Paul obéit le Seigneur lui donne la force d'obéir, et ainsi il tout pour prendre courage.

C'est pareil pour nous. Le Seigneur pourrait vous demander des choses qui vous semblent impossibles, mais c'est cela justement, c'est la raison pour laquelle Il vous le demande. Vous ne pouvez pas le faire et vous devez puiser votre force de ses sources inépuisables. Ce qui est impossible aux hommes est possible avec Dieu. Quand vous décidez d'obéir, Il vous donne la force d'obéir.

Cependant, si vous doutez, si vous n'allez pas de l'avant, vous n'aurez pas la force dont vous avez besoin. C'est un grand encouragement pour nous aussi. Évidemment, ces découragements, ces crises de peur, sont des choses humaines, mais Jésus nous donne un courage qui est au-delà de nos forces.

D'ailleurs, n'est-ce pas encourageant de savoir que, même l'apôtre Paul, a trébuché là-dessus. Si, lui, a trébuché sur ce point, et s'est relevé, pourquoi pas nous?

Ensuite, Jésus lui dit : « Contrairement aux apparences, tu as bien fait ! » Quelle grâce ! Paul pensait mal faire en disant « Moi, je suis Pharisien, j'avais bonne conscience. » mais le Seigneur lui dit : « Tu as bien fait. Et, en fait, comme tu as bien fait ici, tu vas être emmené à Rome. » C'est encore un exemple pour montrer à quel point les pensées du Seigneur sont au-dessus des nôtres.

Nous, en revanche, nous sommes vraiment obsédés par les résultats, et dans est l'état de notre cœur ? Dieu nous sonde, et c'est Lui qui produit les résultats. Donc, pour nous, ce qui est important, c'est d'avoir un cœur qui s'approche de Lui. Paul avait eu une occasion, il leur aurait tout bien expliqué, et le Seigneur le savait, et nous avons vu qu'Il l'encourage et même le félicite. C'est un bel encouragement pour nous tous !

Dieu fait ce que personne ne peut faire

Alors que Paul reprend courage, le Seigneur agit pour lui, et Paul fit des choses qu'il n'aurait pas pu faire sans cet encouragement.

Nous allons simplement lire ensemble tout ce qui va se passer, du verset 12 au verset 35, et je vous invite à voir au passage comment le Seigneur prend le relais, Il dirige toutes choses ; mais aussi n'oubliez pas de regarder comment Paul est porté dans tout cela par son encouragement :

« Quand le jour fut venu, les Juifs formèrent un complot, et firent des imprécations contre eux-mêmes, en disant qu'ils s'abstiendraient de manger et de boire jusqu'à ce qu'ils eussent tué Paul. Ceux qui formèrent ce complot étaient plus de quarante, et ils allèrent trouver les principaux sacrificateurs et les anciens, auxquels ils dirent: Nous nous sommes engagés, avec des imprécations contre nous-mêmes, à ne rien manger jusqu'à ce que nous ayons tué Paul. Vous donc, maintenant, adressez-vous avec le sanhédrin au tribun, pour qu'il l'amène devant vous, comme si vous vouliez examiner sa cause plus exactement; et nous, avant qu'il approche, nous sommes prêts à le tuer.

Le fils de la sœur de Paul, ayant eu connaissance du guet-apens, alla dans la forteresse en informer Paul. Paul appela l'un des centeniers, et dit: Mène ce jeune homme vers le tribun, car il a quelque chose à lui rapporter.

Le centenier prit le jeune homme avec lui, le conduisit vers le tribun, et dit: Le prisonnier Paul m'a appelé, et il m'a prié de t'amener ce jeune homme, qui a quelque chose à te dire. Le tribun, prenant le jeune homme par la main, et se retirant à l'écart, lui demanda: Qu'as-tu à m'annoncer? Il répondit: Les Juifs sont convenus de te prier d'amener Paul demain devant le sanhédrin, comme si tu devais t'enquérir de lui plus exactement. Ne les écoute pas, car plus de quarante d'entre eux lui dressent un guet-apens, et se sont engagés, avec des imprécations contre eux-mêmes, à ne rien manger ni boire jusqu'à ce qu'ils l'aient tué; maintenant ils sont prêts, et n'attendent que ton consentement.

Le tribun renvoya le jeune homme, après lui avoir recommandé de ne parler à personne de ce rapport qu'il lui avait fait.Ensuite il appela deux des centeniers, et dit: Tenez prêts, dès la troisième heure de la nuit, deux cents soldats, soixante-dix cavaliers et deux cents archers, pour aller jusqu'à Césarée. Qu'il y ait aussi des montures pour Paul, afin qu'on le mène sain et sauf au gouverneur Félix.Il écrivit une lettre ainsi conçue: Claude Lysias au très excellent gouverneur Félix, salut! Cet homme, dont les Juifs s'étaient saisis, allait être tué par eux, lorsque je survins avec des soldats et le leur enleva, ayant appris qu'il était Romain. Voulant connaître le motif pour lequel ils l'accusaient, je l'amenai devant leur sanhédrin. J'ai trouvé qu'il était accusé au sujet de questions relatives à leur loi, mais qu'il n'avait commis aucun crime qui mérite la mort ou la prison. Informé que les Juifs lui dressaient des embûches, je te l'ai aussitôt envoyé, en faisant savoir à ses accusateurs qu'ils eussent à s'adresser eux-mêmes à toi. Adieu.

Les soldats, selon l'ordre qu'ils avaient reçu, prirent Paul, et le conduisirent pendant la nuit jusqu'à Antipatris. Le lendemain, laissant les cavaliers poursuivre la route avec lui, ils retournèrent à la forteresse. Arrivés à Césarée, les cavaliers remirent la lettre au gouverneur, et lui présentèrent Paul. Le gouverneur, après avoir lu la lettre, demanda de quelle province était Paul. Ayant appris qu'il était de la Cilicie: Je t'entendrai, dit-il, quand tes accusateurs seront venus. Et il ordonna qu'on le gardât dans le prétoire d'Hérode. »

Grâce à cet encouragement qu'il avait reçu, Paul pouvait enfin affronter ces quarante hommes, et il pouvait même faire face à ce gouverneur qui ne s'intéressait pas ni à lui, ni à l'Évangile ; il était prêt aussi à attendre ses accusateurs. Désormais, sa vie semblait tenir entre les mains des fonctionnaires, qui voulaient seulement remplir les formulaires, et s'assurer que tout allait bien. Mais, imaginez... si Paul avait dû faire face à tout cela, découragé comme il l'était ! Cela aurait été mortel !

Voyez-vous comment Dieu a totalement changé le mal en bien, même en utilisant un jeune garçon ? C'est ce que notre Dieu fait ! Il rend la sagesse et la force du monde totalement impuissantes. Paul, lui, avait bien voulu entendre ce que ce jeune garçon avait à lui dire, il n'était pas trop préoccupé pour pouvoir l'écouter.

Et comment s'y prend-Il ? Il utilise la sagesse des enfants et même la bureaucratie romaine. C'est merveilleux ! Dieu utilise même les fonctionnaires pour faire sa volonté, s'Il le désire. Dieu fait ce que personne ne peut faire. Il arrange toutes choses pour que Paul ait un rendez-vous avec César lui-même comme nous allons voir dans les chapitres suivants, mais il faut d'abord qu'il voie un gouverneur corrompu qui s'appelle Félix.

Résumons un peu cette histoire : Paul s'adresse au Sanhédrin, il pense qu'il peut les convaincre que Jésus est le Messie ; mais, ces gens qui représentent la loi ne veulent rien entendre, et nous découvrons plus tard qu'ils sont plus enclins à écouter le témoignage des quarante extrémistes, que de celui qui dit la vérité. Pourquoi ?

Prends courage !

Regardez ce que est dit en Romains chapitre 1, verset 21 : « puisque ayant connu Dieu, ils ne l'ont point glorifié comme Dieu, et ne lui ont point rendu grâces; mais ils se sont égarés dans leurs pensées, et leur cœur sans intelligence a été plongé dans les ténèbres »

Il y a des conséquences lorsqu'on rejette Jésus. Pour eux, qui le savaient peut-être mieux que d'autres, mais qui ont refusé cette connaissance, Dieu les livra à de vaines pensées ; et ils devinrent insensés pour participer à des complots insensés.

N'oubliez pas ceci : le Seigneur se manifeste à Paul dans sa déception et Il lui dit :

« Prends courage ! » Il s'approcha de lui, il lui donna la perspective que tout ce qu'il a vu dans sa situation, la tentative contre sa vie, comme la corruption n'était pas les signes que tout était gâché, mais c'était des éléments que Dieu allait transformer pour le conduire à Rome.

Paul, comme moi, comme vous, nous avons besoin de ce courage qui vient de Christ ! Nous avons besoin de savoir que Jésus est là avec nous ! C'est un peu à l'image des enfants dans la cour de récréation : il y a toujours celui qui est petit, un peu plus faible que les autres, et tant qu'il est seul, il est la proie des méchants. Mais s'il y a près de lui quelqu'un qui est fort et qui a son intérêt à cœur, ce petit enfant a du courage, parce qu'il n'est plus tout seul.

À plus forte raison pour nous qui avons notre Seigneur Jésus !

Il y a quelque chose d'étonnant dans cette petite phrase : « Prends courage ! »

Dans le Nouveau Testament, nous ne trouvons ce mot 'courage' que dans la bouche de Jésus. Jésus est la seule personne dans le Nouveau Testament qui utilise ce mot 'courage'. Et c'est toujours pour dire : « Prends courage ! »

Quand l'a-t-Il dit ?

Il l'a dit quand Il marchait sur les eaux ; il allait en direction des disciples qui paniquaient et Il leur dit : « Prenez courage, c'est moi ! »

Ou bien la femme qui pendant douze ans a souffert d'une perte de sang. Elle ne voulait rien d'autre que toucher le bord du vêtement de Jésus. Il s'est arrêté, lui a demandé de s'avancer et lui a dit ; « Prends courage ! Ta foi t'a guérie. »

Puis, il y avait aussi l'aveugle qui, lorsque Jésus passait, cria de toutes ses forces : « Jésus ! Jésus ! » A lui aussi, Jésus dit: « Prends courage ! » et Il le guérit.

La nuit avant la crucifixion, en Jean 16, verset 33, lorsqu'il annonce à Ses disciples tout ce qu'ils vont subir et recevoir, Il dit : « Je vous ai dit ces choses, afin que vous ayez la paix en moi. Vous aurez des tribulations dans le monde; mais prenez courage, j'ai vaincu le monde. »

Manquez-vous de courage ? Il n'y a qu'un seul endroit où vous pouvez l'obtenir : auprès de Jésus ; Jésus est le seul qui peut vous le donner. Et après tout ce que nous avons vu ensemble, il semble bien qu'Il veuille nous le donner.

Alors, que se passerait-il si vous parents, quand nous sommes saisis par la peur face à ce monde dans lequel nous devons élever nos enfants, nous nous encouragions auprès de Jésus ? Est-ce que les choses ne se passeraient pas différemment ?

Ou bien au travail, où tout fonctionne d'une manière radicalement différente de ce que nous savons être la bonne manière, et que cela provoque des crises d'angoisse ou simplement de l'inquiétude, si nous cherchions ce courage auprès de notre Sauveur, est-ce que, là aussi, les choses ne se passeraient pas différemment ?

« Demandez ! Et recevez ! »

6

S'attendre à Dieu

Quand nous sommes arrivés en Europe, pour la première fois nous n'avions pas d'ordinateur. En fait, nous n'avions pas non plus d'adresse e-mail. Lorsque nous devions communiquer avec nos amis et la famille aux Etats-Unis nous écrivions des lettres à la main ; nous n'attendions pas des réponses immédiates. Après avoir écrit la lettre, puis l'avoir postée, l'acheminement pouvait prendre au moins une semaine ! Si nous attendions une réponse urgente, si les gens étaient gentils et nous écrivaient tout de suite, on recevait une réponse au bout de deux semaines environ.

Aujourd'hui, par contre, si nous attendons une réponse urgente, il semble qu'il faille une éternité pour la recevoir, et pourtant nous avons des portables, des Smartphones, e-mail, texto... et on peut avoir une réponse dans les 48 heures, mais ça semble être une éternité.

Avez-vous aussi connu l'angoisse d'attendre une information importante, et vous regardez sans cesse sur Facebook, votre Smartphone, votre boîte e-mail...

Quelle épreuve de notre patience ! Néanmoins, c'est justement ce que Dieu utilise pour cultiver ses qualités dans notre vie comme il l'a fait pour l'apôtre Paul en Actes chapitre 24.

Une attaque sur le caractère de Paul

Actes 24, verset 1 au verset 9 : « Cinq jours après, arriva le souverain sacrificateur Ananias, avec des anciens et un orateur nommé Tertulle. Ils portèrent plainte au gouverneur contre Paul. Paul fut appelé, et Tertulle se mit à l'accuser, en ces termes: Très excellent Félix, tu nous fais jouir d'une paix profonde, et cette nation a obtenu de salutaires réformes par tes soins prévoyants; c'est ce que nous reconnaissons en tout et partout avec une entière gratitude. Mais, pour ne pas te retenir davantage, je te prie d'écouter, dans ta bonté, ce que nous avons à dire en peu de mots. Nous avons trouvé cet homme, qui est une peste, qui excite des divisions parmi tous les Juifs du monde, qui est chef de la secte des Nazaréens, et qui même a tenté de profaner le temple. Et nous l'avons arrêté. Nous avons voulu le juger selon notre loi; mais le tribun Lysias étant survenu, l'a arraché de nos mains avec une grande violence, en ordonnant à ses accusateurs de venir devant toi. Tu pourras toi-même, en l'interrogeant, apprendre de lui tout ce dont nous l'accusons. Les Juifs se joignirent à l'accusation, soutenant que les choses étaient ainsi. »

Tout commence avec la plainte de l'avocat Tertulle. Nous ne savons pas grand chose de lui, sauf qu'il était Juif, d'origine grecque, et qu'il était certainement quelqu'un de très avisé, éloquent, qui connaissait parfaitement la situation politique de son temps. Il comprenait aussi le mépris des Romains envers le peuple Juif et c'est pourquoi il flattait le gouverneur avec grande éloquence.

Il commençait fort en disant : « Félix, avec ton merveilleux régime, tu nous as donné la paix. » Cette phrase aurait choqué la plupart de la population, parce que Félix n'a jamais instauré une paix quelconque. Il était corrompu et sévère, un ancien esclave affranchi devenu despote. L'historien romain Tacite a dit qu'il « donnait toute carrière à sa débauche et à sa cruauté, (et) exerça le pouvoir d'un roi avec l'esprit d'un esclave [4] ». On peut imaginer les sourires moqueurs dans la salle d'audience lorsque Tertulle exaltait les qualités du gouverneur parce qu'en réalité, c'était à la limite du ridicule. Cependant, les gens comme Félix aiment les flatteries, et un avocat avisé tel que Tertulle sait en user pour gagner son procès.

Ceci dit, ce qui est plus sérieux, ce sont les accusations qu'il glissait sous la flatterie. D'abord, il accuse Paul de diriger une religion inconnue, donc illégale. C'est une accusation grave pour les Romains qui donnaient certes une liberté religieuse, mais à condition que la religion soit reconnue par l'état. Diriger... pas seulement appartenir à, mais promulguer une religion illégale, mériterait une punition sévère surtout si le dirigeant avait provoqué une insurrection.

Sur ce point, il introduit la deuxième accusation : Paul est un insurrectionnaliste. Aucun état dans le monde ne le permet ! Surtout pas Rome !

Troisièmement, il l'accusa d'avoir profané le temple. Si les Romains étaient tolérants avec les religions connues de l'état, ils étaient surtout superstitieux. Quelqu'un qui profane un lieu de culte reconnu pouvait attendre des sanctions fortes de la justice romaine ! En plus, les Romains s'étaient déjà arrangés avec le Sanhédrin afin de fermer les yeux s'ils exécutaient eux-mêmes quelqu'un qui profanerait le temple.

Et enfin, la dernière accusation : elle n'était pas contre Paul, mais indirectement contre le tribun Lysias qui avait sauvé Paul. Il l'accusait d'obstruction à la justice.

---

[4] Tacite, Histoires, livre V, 9

Donc, sous une attitude flatteuse et familière Tertulle faisait passer ces graves accusations, en ayant derrière lui le soutien de tous les chefs religieux... c'est-à-dire de tous les gens de bien...

Ce qui est frappant c'est que la loi de Moïse interdit le mensonge... et tous ces chefs religieux donnèrent leur accord au mensonge même s'ils savaient tous ce qui s'étaient réellement passé.

Paul présente sa défense

Même si on avait tous les éléments pour condamner Paul, il s'agit tout de même d'un procès contre un citoyen Romain. Chaque citoyen romain avait la possibilité de se défendre lui-même.

Lisons du verset 10 au verset 21 : « Après que le gouverneur lui eut fait signe de parler, Paul répondit: Sachant que, depuis plusieurs années, tu es juge de cette nation, c'est avec confiance que je prends la parole pour défendre ma cause. Il n'y a pas plus de douze jours, tu peux t'en assurer, que je suis monté à Jérusalem pour adorer. On ne m'a trouvé ni dans le temple, ni dans les synagogues, ni dans la ville, disputant avec quelqu'un, ou provoquant un rassemblement séditieux de la foule. Et ils ne sauraient prouver ce dont ils m'accusent maintenant. Je t'avoue bien que je sers le Dieu de mes pères selon la voie qu'ils appellent une secte, croyant tout ce qui est écrit dans la loi et dans les prophètes, et ayant en Dieu cette espérance, comme ils l'ont eux-mêmes, qu'il y aura une résurrection des justes et des injustes. C'est pourquoi je m'efforce d'avoir constamment une conscience sans reproche devant Dieu et devant les hommes. Après une absence de plusieurs années, je suis venu pour faire des aumônes à ma nation, et pour présenter des offrandes. C'est alors que quelques Juifs d'Asie m'ont trouvé purifié dans le temple, sans attroupement ni tumulte. C'était à eux de paraître en ta présence et de se porter accusateurs, s'ils avaient quelque chose contre moi. Ou bien, que ceux-ci déclarent de quel crime ils m'ont trouvé coupable, lorsque j'ai comparu devant le sanhédrin, à moins que ce ne soit uniquement de ce cri que j'ai fait entendre au milieu d'eux: C'est à cause de la résurrection des morts que je suis aujourd'hui mis en jugement devant vous. »

La défense de Paul était imbattable. Tout d'abord Paul profitait de l'avantage qu'il avait en tant que citoyen. Félix lui fit signe de parler ce qui montre qu'il respectait le protocole entre citoyens romains. Ce que cela veut dire, c'est que Paul avait un avantage de plus que ses accusateurs. Paul savait qu'il n'avait rien à craindre parce que Dieu était avec lui et donc il n'allait pas du tout flatter le gouverneur. En effet, un Chrétien n'a pas à le faire parce que notre louange est pour Dieu seul ; Il est le seul qui en soit digne ! Par contre Paul lui donnait tout le respect et l'honneur qui lui sont dus en tant que chef du peuple.

Ensuite, une après l'autre, il renversa toutes les accusations

La première accusation était de faire partie d'une religion inconnue : Paul explique très clairement qu'il est Juif, tout comme les membres du Sanhédrin sont Juifs. D'autant plus que, lorsque tout cela a commencé il était dans le temple en train de louer le Seigneur. Il dit que sa croyance, à la base, est la même que la leur, la croyance en un seul Dieu vivant, le Dieu d'Abraham, d'Isaac et de Jacob. Pour aller plus loin, il parle aussi de la résurrection des morts, des justes et des injustes... ce n'est pas une religion inconnue ! La différence c'est qu'il suit la Voie. La Voie était le terme qu'on utilisait pour le Christianisme qui était simplement vu comme un mouvement au sein du Judaïsme. C'est ainsi que Paul construit ses arguments pour qu'ils comprennent : ce n'est pas une religion inconnue, c'est la religion que l'état connaît, et en plus, oui, nous suivons la Voie.

Puis, il réfute l'accusation d'insurrection : normalement, les perturbateurs ne provoquent pas d'émeutes en suivant les rituels de purification. Encore moins, ils ne s'éloignent pas des autres pour prier calmement dans le temple ! Donc toute cette petite histoire d'insurrection est totalement illégitime ! Lorsque Paul le lui explique, il démolit aussi l'accusation de profanation. Mais surtout, et notez-le bien, Tertulle et le Sanhédrin ont fait une grave erreur : ils n'étaient pas présents le jour où Paul fut arrêté dans le temple. Et, selon la loi romaine, lorsqu'un citoyen est accusé, pendant le procès, il doit faire face à ses accusateurs. Et où étaient ces accusateurs ? Ils n'étaient même pas là !

Finalement, la seule chose dont le Sanhédrin pouvait l'accuser, c'était d'avoir témoigner devant eux, de sa croyance en la résurrection des morts. Il n'y avait aucune loi romaine contre cette croyance !

Du coup Paul, bien sûr conduit par le Saint-Esprit, renverse complètement tout ce que Tertulle vient de dire. Sa défense, et la lettre d'un tribun, chef de mille hommes, un dénommé Lysias, sont deux choses qui s'accordent pour que sa défense soit imbattable.

Normalement il devrait être relâché sur le champ. Mais, comme nous vivons dans un monde déchu où les magistrats et gouverneurs agissent parfois par leur propre intérêt, Félix, même s'il devait relâcher le prisonnier, ne l'a pas fait.

Une fausse solution

Regardez ce qu'il fit au verset 22 : « Félix, qui savait assez exactement ce qui concernait cette doctrine, les ajourna, en disant: Quand le tribun Lysias sera venu, j'examinerai votre affaire. Et il donna l'ordre au centenier de garder Paul, en lui laissant une certaine liberté, et en n'empêchant aucun des siens de lui rendre des services. »

Donc, il connaissait le Christianisme et la marche à suivre, mais il décida de ne rien faire. Pourquoi ? Il se sentait certainement piégé.

S'il avait fait tout de suite justice à Paul comme il devait le faire, il est évident que les Juifs se seraient révoltés contre lui, et lui auraient créé des ennuis auprès de César.

S'il avait condamné Paul, il aurait aussi condamné Lysias, ce qui lui aurait coûté son autorité et son pouvoir, risque à ne pas prendre pour une armée d'occupation.

En réalité, il ne voulait pas trancher. Ce n'était pas dans son intérêt de trancher. Rappelez-vous les commentaires de Tacite : il avait une mentalité d'esclave. Tant qu'il peut s'en tirer en ne faisant rien, il ne fera rien. Alors il permet à Paul d'avoir une certaine liberté, il renvoya le Sanhédrin, et pour lui, tout se terminait bien.

Mais est-ce que tout est vraiment bien ? Quand on sait ce qu'on doit faire mais on ne le fait pas ?... Regardons au verset 24 : « Quelques jours après, Félix vint avec Drusille, sa femme, qui était Juive, et il fit appeler Paul. Il l'entendit sur la foi en Christ. Mais, comme Paul discourait sur la justice, sur la tempérance, et sur le jugement à venir, Félix, effrayé, dit: Pour le moment retire-toi; quand j'en trouverai l'occasion, je te rappellerai. Il espérait en même temps que Paul lui donnerait de l'argent; aussi l'envoyait-il chercher assez fréquemment, pour s'entretenir avec lui. Deux ans s'écoulèrent ainsi, et Félix eut pour successeur Porcius Festus. Dans le désir de plaire aux Juifs, Félix laissa Paul en prison. »

Deux ans s'écoulèrent sans qu'il prenne une décision. Paul, qui savait qu'il n'aurait pas dû être là, a dû attendre. Félix, lui, a profité de la situation. Il s'était créé une fausse amitié avec les Juifs, et des liens trompeurs avec le prisonnier : il lui donnait une certaine liberté, il faisait semblant de s'intéresser à ce qu'il disait, mais en réalité il espérait récupérer un pot de vin. Il n'avait aucune intention de relâcher Paul, car, nous l'avons vu, ce n'était pas dans son intérêt, mais que peut faire de Paul ? Légalement, rien, parce que le procès n'était pas clos ; et, en fait, s'il n'y avait pas de procès, il ne pouvait pas faire appel puisqu'il n'y avait pas de décision. Il était condamné à attendre que justice soit faite.

Profitez de chaque moment

Déjà Paul connaissait une situation décevant, condamné à attendre la justice mais pour couronner le tout, Félix amena son épouse avec lui pour voir Paul. Pourquoi Drusille serait-elle une source d'irritation pour Paul ? Il faut savoir qu'elle est aussi d'origine Juive, et qu'elle connaissait la Loi de Moïse. Mais elle devint la deuxième femme de Félix grâce à un mensonge qu'il avait inventé pour qu'elle divorce d'avec son premier mari et devienne la femme du gouverneur.

Imaginons ce couple qui vient voir Paul ! Ils veulent seulement un peu d'argent ; Paul devait certainement être au courant de la situation. Il est apôtre, et après tout ce qu'il a vécu, il n'ignore pas que les autorités peuvent être malhonnête. Paul choisit bien les thèmes de la discussion : il parle de la justice de Dieu. Ce sujet devait frapper fort pour une femme comme Drusille qui connaissait la Loi de Moïse et que la justice provient du Dieu Très-Haut !

Et, puisqu'ils parlaient de justice, il est logique que Paul évoque la maîtrise de soi qui est très à propos pour un homme tel que Félix, renommé pour sa débauche. Evidemment une telle discussion ne pouvait que lui déplaire mais Paul avait encore d'autres choses à leur dire : au jour du jugement toute personne devra se tenir devant le Maître du ciel et de la terre. Sur ce point précis, imaginez comment ce couple devait se sentir, comme le dit le texte : mal à l'aise.

Malgré tout cela, Paul avait un dilemme. Jésus lui avait dit qu'il irait témoigner à Rome. Il n'a pas pensé : « Oh, c'était une allégorie ! Césarée c'est presque comme Rome, alors c'est peut-être cela que le Seigneur voulait dire... » Non ! Il savait que le Seigneur lui avait dit qu'il devait aller à Rome. Il est précis dans son appel.

La foi, c'est attendre que la promesse de Dieu se réalise, même si les circonstances ne semblent pas aller dans cette direction. Il est face à cet homme, et il doit attendre que le Seigneur change la situation pour lui.

Le texte ici ne le dit pas, mais ce que nous savons de Paul nous permet de penser qu'il priait de tout son cœur, nuit et jour... pendant deux ans !... Il s'attendait au Seigneur, mais il n'est pas resté inactif. Il profitait même des situations qui lui étaient données : témoigner à Félix et Drusille ! Mais Paul ne le prenait pas comme un ennui, il a pris cela au sérieux. On imagine la tentation d'être désespéré face à ce contretemps. Mais c'est justement ce genre d'épreuve que le Seigneur utilise dans nos vies pour nous former.

N'ayez pas peur, Dieu accomplira tout ce qu'Il a promis ! Comme Paul, gardez vos yeux sur Lui dans vos moments de communion et de méditation, parce que c'est de là que vous viendra la force pour tenir bon... même pendant plusieurs années, s'il le faut.

En ayant les yeux fixés sur le Seigneur, vous verrez s'ouvrir les portes. Si vous cherchez la porte par vous-même, vous ne verrez pas le Seigneur, et d'ailleurs il y a de grandes chances pour que vous ne voyiez pas la porte non plus. Car, comme le Seigneur l'a dit à l'église de Philadelphie en Apocalypse 3 : « j'ai mis devant toi une porte ouverte, que personne ne peut fermer. »

C'est le Seigneur qui met devant nous la porte que personne ne peut fermer. Donc, dans les temps d'attente, il faut garder les yeux sur Lui, et rester ouvert à tout ce qu'Il peut mettre devant vous. Paul a dû attendre patiemment, que le Seigneur agisse. Mais un beau jour est venu, et, rapidement tout a changé.

Dieu ouvre une porte

Finalement, Félix refusa de trancher. Mais le Seigneur est le Seigneur de Paul et le Seigneur de tout, mit Félix de côté. Comme toute personne qui choisit de ne pas trancher ou de ne pas décider, elles sont souvent mises de côté. C'est ce que le Seigneur a fait ici ; un nouvel ami du Sanhédrin intervint! Porcius Festus !

Chapitre 25, verset 1 : « Festus, étant arrivé dans la province, monta trois jours après de Césarée à Jérusalem. Les principaux sacrificateurs et les principaux d'entre les Juifs lui portèrent plainte contre Paul. Ils firent des instances auprès de lui, et, dans des vues hostiles, lui demandèrent comme une faveur qu'il le fît venir à Jérusalem. Ils préparaient un guet-apens, pour le tuer en chemin. (leurs plans n'ont pas changé !) Festus répondit que Paul était gardé à Césarée, et que lui-même devait partir sous peu. Que les principaux d'entre vous descendent avec moi, dit-il, et s'il y a quelque chose de coupable en cet homme, qu'ils l'accusent. » (Cela semble très raisonnable !)

Félix faisait scandale. Il fut mis de côté. Festus le remplaça, c'était un homme intelligent qui gagna la faveur des Juifs, mais, bien sûr, il ignorait totalement ce que le Sanhédrin voulait faire. Et le Sanhédrin profita de sa naïveté parce que même après deux ans, il veut toujours assassiner Paul !

Ensuite aux versets 6 et 7 : « Festus ne passa que huit à dix jours parmi eux, puis il descendit à Césarée. Le lendemain, s'étant assis sur son tribunal, il donna l'ordre qu'on amenât Paul. Quand il fut arrivé, les Juifs qui étaient venus de Jérusalem l'entourèrent, et portèrent contre lui de nombreuses et graves accusations, qu'ils n'étaient pas en état de prouver. »

Ils ne pouvaient rien prouver ! Pourtant Festus proposa un procès, sans comprendre qu'il était parfaitement truqué. Il écouta toutes ces accusations creuses avant qu'il ait une idée : verset 8 : « Paul entreprit sa défense, en disant: Je n'ai rien fait de coupable, ni contre la loi des Juifs, ni contre le temple, ni contre César. Festus, désirant plaire aux Juifs, répondit à Paul: Veux-tu monter à Jérusalem, et y être jugé sur ces choses en ma présence?Paul dit: C'est devant le tribunal de César que je comparais, c'est là que je dois être jugé. Je n'ai fait aucun tort aux Juifs, comme tu le sais fort bien. Si j'ai commis quelque injustice, ou quelque crime digne de mort, je ne refuse pas de mourir; mais, si les choses dont ils m'accusent sont fausses, personne n'a le droit de me livrer à eux. J'en appelle à César. Alors Festus, après avoir délibéré avec le conseil, répondit: Tu en as appelé à César; tu iras devant César. »

Tout change maintenant, parce qu'il y a un nouveau gouverneur et un nouveau procès. Tout devient officiel. Ils lancent les mêmes vieilles accusations usées qu'au départ, et Paul dit : « J'en ai assez ». Il a le droit de le dire. Festus lui proposa alors d'aller à Jérusalem, comme si changer de lieu allait changer quoi que ce soit au problème... Il a certainement compris ce que Félix a voulu faire, et il tenta de faire la même chose : en tant que non-croyant il veut gagner la faveur du peuple plutôt que celle d'un seul homme... mais bien sûr, il ne savait pas qui était cet homme, ni qui était son Dieu !

Paul qui était au courant de tous ses droits en tant que citoyen, et qui comprenait parfaitement la situation dans laquelle il se trouvait, fit appel à César. Pendant deux ans, il n'y eu aucune porte pour lui, mais ce jour-là, le Seigneur lui ouvrit une porte que personne ne put fermer. S'il n'avait pas gardé les yeux sur le Seigneur, est-ce qu'il aurait vu cette occasion ? Qui sait ?... Il aurait peut-être accepté de descendre à Jérusalem...

Mais voilà sa porte qui s'ouvre ! Et Paul la franchit, tête la première. Et ainsi, il est hors de portée du Sanhédrin. Et c'est à Rome de payer tous ses frais pour qu'il puisse comparaître devant César.

Ce qui nous parle très fort ici, c'est que la patience de Paul est récompensée... en un instant ! Quelle que soit votre situation, la main de l'Eternel n'est pas trop courte pour vous secourir. Et quand c'est le moment, comme pour Paul, en un instant Il peut renverser toutes choses.

Attendre la volonté du Seigneur, agir selon la volonté du Seigneur

Nous avons vu comment Paul a dû subir une longue période d'attente : deux ans. C'était pour qu'il puisse voir s'accomplir la promesse que Dieu lui avait faite. Dieu ne ment jamais mais accomplit parfaitement Sa Parole à la lettre, et la porte finit par s'ouvrir.

C'est une belle leçon aussi pour nous, pour nous encourager à attendre que la volonté du Seigneur s'accomplisse. C'est actif même si cela semble inactif, la foi en action ; nous parlons de nous attendre à ce que Sa volonté s'accomplisse.

Nous connaissons Sa volonté en lisant Sa Parole : Nous savons qu'Il a promis de pourvoir à nos besoins selon la richesse de Sa grâce, mais parfois attendre cette provision semble comme une éternité ! Le Seigneur est fidèle à Sa Parole !

Ou bien, Il a peut-être confirmé quelque chose dans votre cœur, une relation à restaurer, un travail, voire même quelqu'un qui va se tourner vers Lui...

Le temps d'attente pour que la volonté de Dieu s'accomplisse est une épreuve, certes, mais c'est une épreuve bénéfique. Le Seigneur l'utilise pour notre bien. Il y a ce côté 'inactif' où nous prions, et cette vie de prière nous forme et nous édifie. Il se peut aussi que le Seigneur vous ouvre des portes vers des gens auxquels vous ne vous attendez pas.

Par exemple : la volonté du Seigneur pour Paul était d'aller à Rome ; pourtant, pendant qu'il attendait, Paul a eu une porte ouverte pour témoigner à Félix et Drusille ! Et c'est tout à son crédit, grâce à ce que le Saint-Esprit a fait en lui. Cela aussi fait partie de ce temps d'attente.

Et il y a aussi ce moment d'action : le moment où il fallait que Paul fasse appel. S'attendre à la volonté du Seigneur, ça veut parfois dire aller de l'avant, quand le

Seigneur ouvre une porte.

Nous avons vu toutes ces choses dans ce passage : Nous attendre à la volonté du Seigneur, agir selon la volonté du Seigneur... Dans les deux cas, qu'est-ce que Dieu veut, si ce n'est une vie qui Lui est soumise ? Que nous gardions les yeux fixés sur Lui...

Et les promesses ? Les promesses de Dieu sont merveilleuses ; je vous en donne juste deux :

Ésaïe 40, verset 31 ; « Mais ceux qui se confient en l'Éternel renouvellent leur force. Ils prennent le vol comme les aigles; Ils courent, et ne se lassent point, Ils marchent, et ne se fatiguent point. »

Quand on s'attend au Seigneur, quelle est la première émotion que l'on ressent ? La fatigue, l'épuisement... Le Seigneur le sait. Espérez en Lui ! Attendez-vous à Lui ! Il renouvellera vos forces ; vous volerez, et Il vous donnera ce dont vous avez besoin pour franchir cette porte ; mais attendez-vous à Lui !

Ce qu'il faut surtout, c'est ne pas perdre patience, Lui faire confiance et c'est pourquoi dans le Psaume 125, verset 1, nous lisons :
« Ceux qui se confient en l'Éternel
Sont comme la montagne de Sion: elle ne chancelle point,
Elle est affermie pour toujours. »
Alors... que se passerait-il si, même cette semaine, ou la prochaine fois où nous nous trouvons dans un temps d'attente... nous savons ce qu'il nous a dit – peut-être nous en a-t-Il déjà parlé – ou nous avons le verset qui nous dirige, mais nous devons attendre ?

Si nous nous attendions à Lui, ne verrions-nous pas nos forces renouvelées ?

Si nous mettions notre confiance en Lui, ne serions-nous pas aussi inébranlables que le mont Sion ?

Note aux lecteurs:

Chapitre sept se repose sur une comparaison entre deux personnes, le roi Agrippa et le procureur Festus, que nous allons découvrir, s'opposent à l'évangile. Avant de commencer, je vous invite à faire une petite pause avec un thé ou café, ou si vous vous trouvez dans les transports en commun de trouver une place aussi confortable que possible. Nous vous avons fourni ci-dessous le texte biblique, depuis Actes 25 verset 13 jusqu'à la fin du chapitre 26, passage qui a inspiré la méditation suivante. Veuillez lire le passage calmement en essayant de vous imaginer comme un observateur présente aux moments des faits.

L'histoire se passe au tribunal. Ce n'est pas le procès de Paul, c'est simplement une audience. Le gouverneur ne sait pas quoi écrire à César, et, par chance, quelqu'un qui a beaucoup d'influence arrive, le roi Agrippa qui connaît parfaitement ces choses. C'est une très bonne occasion pour Paul qui a maintenant une audience plus impartiale devant laquelle il peut s'expliquer, et aussi pour Festus, qui espère ainsi pouvoir trouver quelque chose à dire à l'Empereur.

Si vous deviez écrire un compte rendu à César que diriez-vous ? Quels sont les enjeux qui empêchent Agrippa et Festus à croire ? Quelles leçons pourrions-nous tirer du comportement de Paul ?

« Quelques jours après, le roi Agrippa et Bérénice arrivèrent à Césarée, pour saluer Festus. Comme ils passèrent là plusieurs jours, Festus exposa au roi l'affaire de Paul, et dit: Félix a laissé prisonnier un homme contre lequel, lorsque j'étais à Jérusalem, les principaux sacrificateurs et les anciens des Juifs ont porté plainte, en demandant sa condamnation. Je leur ai répondu que ce n'est pas la coutume des Romains de livrer un homme avant que l'inculpé ait été mis en présence de ses accusateurs, et qu'il ait eu la faculté de se défendre sur les choses dont on l'accuse. Ils sont donc venus ici, et, sans différer, je m'assis le lendemain sur mon tribunal, et je donnai l'ordre qu'on amenât cet homme. Les accusateurs, s'étant présentés, ne lui imputèrent rien de ce que je supposais; ils avaient avec lui des discussions relatives à leur religion particulière, et à un certain Jésus qui est mort, et que Paul affirmait être vivant. Ne sachant quel parti prendre dans ce débat, je lui demandai s'il voulait aller à Jérusalem, et y être jugé sur ces choses. Mais Paul en ayant appelé, pour que sa cause fût réservée à la connaissance de l'empereur, j'ai ordonné qu'on le gardât jusqu'à ce que je l'envoyasse à César. Agrippa dit à Festus: Je voudrais aussi entendre cet homme. Demain, répondit Festus, tu l'entendras. Le lendemain donc, Agrippa et Bérénice vinrent en grande pompe, et entrèrent dans le lieu de l'audience avec les tribuns et les principaux de la ville. Sur l'ordre de Festus, Paul fut amené. Alors Festus dit: Roi Agrippa, et vous tous qui êtes présents avec nous, vous voyez cet homme au sujet duquel toute la multitude des Juifs s'est adressée à moi, soit à Jérusalem, soit ici, en s'écriant qu'il ne devait plus vivre. Pour moi, ayant reconnu qu'il n'a rien fait qui mérite la mort, et lui-même en ayant appelé à l'empereur, j'ai résolu de le faire partir. Je n'ai rien de certain à écrire à l'empereur sur son compte; c'est pourquoi je l'ai fait paraître devant vous, et surtout devant toi, roi Agrippa, afin de savoir qu'écrire, après qu'il aura été examiné. Car il me semble absurde d'envoyer un prisonnier sans indiquer de quoi on l'accuse.

Agrippa dit à Paul: Il t'est permis de parler pour ta défense. Et Paul, ayant étendu la main, se justifia en ces termes: Je m'estime heureux, roi Agrippa, d'avoir aujourd'hui à me justifier devant toi de toutes les choses dont je suis accusé par les Juifs, car tu connais parfaitement leurs coutumes et leurs discussions. Je te prie donc de m'écouter avec patience. Ma vie, dès les premiers temps de ma jeunesse, est connue de tous les Juifs, puisqu'elle s'est passée à Jérusalem, au milieu de ma nation. Ils savent depuis longtemps, s'ils veulent le déclarer, que j'ai vécu pharisien, selon la secte la plus rigide de notre religion. Et maintenant, je suis mis en jugement parce que j'espère l'accomplissement de la promesse que Dieu a faite à nos pères, et à laquelle aspirent nos douze tribus, qui servent Dieu continuellement nuit et jour. C'est pour cette espérance, ô roi, que je suis accusé par des Juifs!

Quoi! vous semble-t-il incroyable que Dieu ressuscite les morts?

Pour moi, j'avais cru devoir agir vigoureusement contre le nom de Jésus de Nazareth. C'est ce que j'ai fait à Jérusalem. J'ai jeté en prison plusieurs des saints, ayant reçu ce pouvoir des principaux sacrificateurs, et, quand on les mettait à mort, je joignais mon suffrage à celui des autres. Je les ai souvent châtiés dans toutes les synagogues, et je les forçais à blasphémer. Dans mes excès de fureur contre eux, je les persécutais même jusque dans les villes étrangères.

C'est dans ce but que je me rendis à Damas, avec l'autorisation et la permission des principaux sacrificateurs. Vers le milieu du jour, ô roi, je vis en chemin resplendir autour de moi et de mes compagnons une lumière venant du ciel, et dont l'éclat surpassait celui du soleil.

Je répondis: Qui es-tu, Seigneur? Et le Seigneur dit: Je suis Jésus que tu persécutes. Mais lève-toi, et tiens-toi sur tes pieds; car je te suis apparu pour t'établir ministre et témoin des choses que tu as vues et de celles pour lesquelles je t'apparaîtrai. Je t'ai choisi du milieu de ce peuple et du milieu des païens, vers qui je t'envoie, afin que tu leur ouvres les yeux, pour qu'ils passent des ténèbres à la lumière et de la puissance de Satan à Dieu, pour qu'ils reçoivent, par la foi en moi, le pardon des péchés et l'héritage avec les sanctifiés.

En conséquence, roi Agrippa, je n'ai point résisté à la vision céleste: à ceux de Damas d'abord, puis à Jérusalem, dans toute la Judée, et chez les païens, j'ai prêché la repentance et la conversion à Dieu, avec la pratique d'oeuvres dignes de la repentance. Voilà pourquoi les Juifs se sont saisis de moi dans le temple, et ont tâché de me faire périr.

Mais, grâce au secours de Dieu, j'ai subsisté jusqu'à ce jour, rendant témoignage devant les petits et les grands, sans m'écarter en rien de ce que les prophètes et Moïse ont déclaré devoir arriver, savoir que le Christ souffrirait, et que, ressuscité le premier d'entre les morts, il annoncerait la lumière au peuple et aux nations.

Comme il parlait ainsi pour sa justification, Festus dit à haute voix: Tu es fou, Paul! Ton grand savoir te fait déraisonner. Je ne suis point fou, très excellent Festus, répliqua Paul; ce sont, au contraire, des paroles de vérité et de bon sens que je prononce.Le roi est instruit de ces choses, et je lui en parle librement; car je suis persuadé qu'il n'en ignore aucune, puisque ce n'est pas en cachette qu'elles se sont passées. Crois-tu aux prophètes, roi Agrippa?... Je sais que tu y crois.

Et Agrippa dit à Paul: Tu vas bientôt me persuader de devenir chrétien!

Paul répondit: Que ce soit bientôt ou que ce soit tard, plaise à Dieu que non seulement toi, mais encore tous ceux qui m'écoutent aujourd'hui, vous deveniez tels que je suis, à l'exception de ces liens!

Le roi, le gouverneur, Bérénice, et tous ceux qui étaient assis avec eux se levèrent, et, en se retirant, ils se disaient les uns aux autres: Cet homme n'a rien fait qui mérite la mort ou la prison. Et Agrippa dit à Festus: Cet homme pouvait être relâché, s'il n'en eût pas appelé à César. »

7

L'espoir qui change tout

Paul s'est exprimé devant le tribunal, on a l'impression qu'il parle dans le vide. On devine leurs interrogations : est-ce vrai ? entendons-nous bien ?... A-t-il bien dit cela ? La stupeur ! Quoiqu'il en soit, Paul poursuivit son élocution jusqu'au bout car il savait que ces paroles pouvaient ouvrir les yeux et donner la vie éternelle à tous ceux qui croiraient.

Cela vous est-il déjà arrivé, dans le monde du travail par exemple ? Alors que vous êtes rempli d'espoir pour un projet quelconque, vous en parlez à des pessimistes, et plus vous êtes positifs, plus vous rendez compte que ce que vous leur dites pas d'effet. Certes, les gens entendent, mais c'est comme si votre attitude les offense ! Votre espoir est pris pour naïveté, ou pire encore pour arrogance... Ceci dit, ce n'est pas non plus une solution de simplement se taire !

Paul parlait avec beaucoup d'espoir mais il avait une audience qui ne partageait pas son enthousiasme. Même si ses auditeurs ne voulaient pas y croire, il n'était pas du tout disposé à se taire. Il parlait de son vécu. N'oublions pas qu'il était en prison à cause de son espérance. C'est une espérance qui change tout ; et c'est pourquoi, toute la conversation chapitres 25 et 26 des Actes tourne autour de l'espérance de la résurrection.

Celui qui y résista le premier fut Festus. Festus était un matérialiste, qui voyait le monde avec des yeux naturels. Face à ce discours à propos de la résurrection d'entre les morts, il était perdu !

Le deuxième opposant, c'était le roi Agrippa l'hédoniste[5]. Il profitait pleinement de tous les plaisirs de cette vie, et vécut bien ! Face à ce discours sur la résurrection des morts, Agrippa ne voulait pas trop en savoir.

La résurrection de Jésus-Christ est le point clé de toute l'Histoire. Pour le matérialiste, elle confronte la personne avec ses propres limites ; elle lui montre que son monde est trop petit. D'autre part, la résurrection montre à l'hédoniste qu'il a des responsabilités, et qu'il en est redevable devant son Créateur.

---

[5] Selon le dictionnaire Larousse, l'hédonisme c'est un système philosophique qui fait du plaisir le but de la vie.

Ainsi, les deux camps face à Paul sont clairement démarqués : C'est la résurrection contre le matérialisme et l'hédonisme.

Le matérialiste

Le matérialiste, ne comprend pas. Pourquoi faire tant d'histoires à propos de la résurrection...

Regardez au chapitre 25, verset 18, ce que Festus dit lorsqu'il essaie d'expliquer à Agrippa pourquoi Paul est là : « Les accusateurs, s'étant présentés, ne lui imputèrent rien de ce que je supposais; ils avaient avec lui des discussions relatives à leur religion particulière, et à un certain Jésus qui est mort, et que Paul affirmait être vivant. Ne sachant quel parti prendre dans ce débat, je lui demandai s'il voulait aller à Jérusalem, et y être jugé sur ces choses. »

Il s'attendait à certains arguments, mais il n'a rien entendu de la sorte. Cette idée qu'il y a une résurrection et que les gens soient prêts à se tuer pour cela... comment cela se pouvait-il ! Pour Festus, tout cela était immatériel, donc ce n'était pas important.

Notez le sarcasme dans le texte : Oui, Paul affirme que ce Jésus est vivant, mais les autres disent que non ! Quel mépris ! C'est comme si Festus disait : « vous pouvez croire ce que vous voulez, mais ne nous ennuyez pas avec ça, Jésus est vivant ?? Passons maintenant aux choses sérieuses. » Par son attitude, nous comprenons que Festus, ne saisit pas le sens de l'évangile. Festus n'imagine pas ce que pourrait dire une résurrection. En ce qui lui concerne, si Jésus est vraiment vivant, on parle de sa vie biologique et rien d'autre.

Le point central de ce que Paul dit, que Jésus est ressuscité des morts, après avoir payé le prix de nos péchés pour le salut de nos âmes, est totalement contraire à ce que Festus recherchait pour sa vie. Tout ce qu'il veut c'est écrire quelque chose à César et rester dans ses bonnes grâces. Il voulait à tout prix éviter d'insulter l'Empereur. Il recherchait donc quelque chose qui serait contre la loi, le gouvernement, l'ordre public, au moins quelque chose d'antisocial ! Mais l'évangile n'est rien de tout cela. Il ne put mettre une étiquette. C'est pourquoi son regard sur cette situation est celui d'un fonctionnaire de Rome qui ne pense qu'à remplir les bonnes cases.

Il critique le message de l'Evangile, et dit que c'est de la folie. Il cria : « Comme il parlait ainsi pour sa justification, Festus dit à haute voix: Tu es fou, Paul! Ton grand savoir te fait déraisonner. » Il est impressionné par la grande érudition de Paul, et par le fait qu'il soit très passionné. Ce discours parle de choses qui sont intellectuelles, mais il parle aussi, avec une certaine autorité de son vécu. Justement, il a expérimenté la puissance de Dieu dans sa vie, il a vécu un changement radical qui l'avait définitivement changé. Ce sont des choses que l'on peut observer, mais ce n'est pas physique. Pour Festus, c'est en dehors de ses représentations cartésiennes et matérialistes. C'est pourquoi même s'il écoutait, il ne comprit pas vraiment !

Par ailleurs, c'est exactement ce que Paul avait prédit. En 1 Corinthiens 1:21, il dit : « Car puisque le monde, avec sa sagesse, n'a point connu Dieu dans la sagesse de Dieu, il a plu à Dieu de sauver les croyants par la folie de la prédication. Les Juifs demandent des miracles et les Grecs cherchent la sagesse: nous, nous prêchons Christ crucifié; scandale pour les Juifs et folie pour les païens, mais puissance de Dieu et sagesse de Dieu pour ceux qui sont appelés, tant Juifs que Grecs. Car la folie de Dieu est plus sage que les hommes, et la faiblesse de Dieu est plus forte que les hommes. »

En fait, la sagesse divine dit simplement : Admettez qui vous êtes, confessez vos péchés, repentez-vous, puis acceptez la justice qui vient du seul être Parfait, qui est Jésus-Christ. La sagesse de Dieu c'est arrêter de prétendre être ce que vous n'êtes pas. La sagesse humaine c'est continuer à prétendre jusqu'au bout, jusqu'à ce que les autres le croient.

La résurrection nous lance un appel haut et clair à laisser tomber nos prétentions et à nous revêtir de la justice qui vient d'en haut. La résurrection rend les espérances mondaines, temporaires, vides parce qu'elle donne une espérance qui est pour cette vie, oui, mais aussi pour l'éternité. En comparaison les petites espérances que le monde offre sont creuses.

C'est un fait que toute personne sur terre va mourir et il n'y a rien que le gouvernement et toute l'intelligence humaine puissent faire ! Le matérialiste peut toujours remettre la question au lendemain, mais il ne connaîtra jamais la paix profonde, parce que la question de la mort revient sans cesse. De plus, le matérialiste est destiné à devenir amer et cynique, parce que, tout au long de sa vie, il va voir mourir les gens qu'il aime, et les choses qu'il aime tant, disparaître. Il doit accepter ces faits sans espoir, car il a renié l'éternité alors qu'au fond de lui-même, il est en contradiction. Comme dit l'auteur Gilbert K. Chesterton[6] : « Les doctrines spiritualistes ne limitent pas réellement l'esprit comme le font les négations

---

[6] CHESTERTON, Gilbert K., Orthodoxie, Éditions Saint-Remi, Le Fou, p. 28, nouvelle édition 2009

matérialistes. Même si je crois à l'immortalité, je n'ai pas besoin d'y penser. Dans le premier cas, la route est ouverte et je puis aller aussi loin qu'il me plaît ; dans le second, la route est barrée. »

Festus aurait vraiment pu être un bon leader mais il n'avait pas d'espérance. Sa vie n'avait aucun sens. Le seul moyen d'y échapper, aurait été de se tourner vers Jésus. Jésus qui a dit, en Jean 11, verset 25 : « ...Je suis la résurrection et la vie. Celui qui croit en moi vivra, quand même il serait mort; ». Voilà l'espoir qui change tout ! et qui dépasse le matérialisme.

L'hédoniste

Que peut-on dire de l'hédoniste, du roi Agrippa ? Ce passage parle aussi pour lui ! D'abord, parce que la résurrection implique un jugement, ce qui n'est pas une bonne nouvelle si vous avez adopté ce mode de vie (cf. note). Regardons le verset 8 du chapitre 26 :

Paul s'adressa à Agrippa et lui posa une question très importante : « Quoi ! vous semble-t-il incroyable que Dieu ressuscite les morts ? »

Afin de poursuivre, il est important de connaître quelques détails sur le personnage d'Agrippa. Il a grandi à Rome, où il est devenu un homme puissant et riche, vivant dans la débauche. Il ne s'est jamais marié, n'avait pas d'enfants, et préférait la compagnie de sa sœur Bérénice. En ce qui concerne le Judaïsme, il en était bien instruit à l'école des Sadducéens.

Les Sadducéens détenaient le pouvoir dans le Sanhédrin ; ils ne croyaient pas en la résurrection, ni aux anges et à peine aux prophètes. Leur croyance convenait bien à quelqu'un comme Hérode Agrippa cela lui donnait la liberté de faire ce qu'il désirait puisqu'il n'avait pas de compte à rendre. Il n'avait certainement pas médité sur des passages comme Daniel 12, verset 2 : « Plusieurs de ceux qui dorment dans la poussière de la terre se réveilleront, les uns pour la vie éternelle, et les autres pour l'opprobre, pour la honte éternelle. » Certes, il entend un discours clair sur les prophètes et la résurrection mais il avait du mal à l'accepter parce que tout son mode de vie était remis en question !

Bérénice de son côté, n'était pas un ange non plus ! Elle et Agrippa vivaient dans l'inceste, et elle profitait aussi de son pouvoir. Pire encore, plus tard, elle devenait célèbre à Rome pour sa liaison avec Tite, le général qui allait raser tout Jérusalem et retourner à Rome pour, éventuellement, prendre le pouvoir.

De tout point de vue, Agrippa, et Bérénice, n'étaient pas ignorants de ce qu'ils faisaient, ils étaient bien instruits dans la Loi de Moïse. On pourrait même dire qu'ils étaient tellement instruits et contents de l'être qu'ils savouraient un certain plaisir dans la connaissance. Finalement, ils en accumulaient tellement qu'ils se croyaient neutre et même au-dessus de la vérité.

C'est avec un tel état d'esprit qu'Agrippa dit à Paul, au verset 28 : « ...Tu vas bientôt me persuader de devenir chrétien ! » on peut même entendre les gloussements dans le fond de la salle.

Paul saute sur l'occasion (verset 29) et dit : « Que ce soit bientôt ou que ce soit tard, plaise à Dieu que non seulement toi, mais encore tous ceux qui m'écoutent aujourd'hui, vous deveniez tels que je suis, à l'exception de ces liens ! » Ce genre de remarque ne pouvait pas plaire à Agrippa car elle le responsabilisait, il fallait qu'il prenne position pour l'évangile ou se retire.

Quelle est sa réaction ? Verset 30 : « Le roi, le gouverneur, Bérénice, et tous ceux qui étaient assis avec eux se levèrent, et, en se retirant, ils se disaient les uns aux autres: Cet homme n'a rien fait qui mérite la mort ou la prison. » Il se retira, tout simplement. Même s'il savait qu'il devait trancher dans cette affaire publique, il se retira en discutant le cas de Paul avec ses dirigeants. Il en arrive ensuite à la conclusion : effectivement cet homme est innocent.

Comment est-ce que Paul l'a amené à comprendre cela ? En parlant du Seigneur ressuscité. Paul l'a dit très clairement : J'étais le Pharisien des Pharisiens, j'étais complètement contre ce mouvement, et je persécutais l'Eglise ; c'est donc un parcours que même Agrippa pouvait comprendre.

Paul avait vu le Seigneur ressuscité, et la puissance de cette rencontre avait tellement bouleversé sa vie qu'il était devenu une autre personne. Il a obéit à la Voix qu'il a entendue et a suivi les instructions qui lui ont été données par son Créateur et dans sa langue maternelle. C'est pourquoi il ne pouvait pas renoncer.

Agrippa observait tout cela, et en plus connaissait les passages de l'Ecriture dont Paul parle. Il était tout à fait possible qu'il connaisse aussi les prophéties au sujet de Jésus-Christ. Ce qui faisait la force des arguments de Paul étaient non seulement ses connaissances appréciées par le roi mais aussi et surtout la puissance du Saint-Esprit qui œuvrait dans son cœur pour le convaincre du péché. Il savait qu'il ne pouvait plus rester neutre et cela le mettait très mal à l'aise. Il se retira. Tristement, il se retira sous le prétexte de délibérer avec les autres.

La grande tragédie, c'est qu'un jour, les choses vont être totalement différentes, parce qu'il y a bien une résurrection. Paul y est lié car il a été régénéré par l'Esprit de Dieu. La prochaine étape ne sera pas Paul devant le trône du jugement, parce qu'il a échappé au jugement dès le moment où il a mis sa foi en Jésus-Christ. Paul est libre, parce que Jésus a pris la condamnation sur lui.

La prochaine étape, ce sera plutôt Agrippa devant le trône du jugement. Paul n'aura plus de chaîne. Mais cette fois-ci c'est Paul qui aura une couronne comme il dit en 2 Timothée chapitre 4, verset 8 : Désormais la couronne de justice m'est réservée; le Seigneur, le juste juge, me la donnera dans ce jour-là, et non seulement à moi, mais encore à tous ceux qui auront aimé son avènement. Ce jour-là, le jour du jugement, il sera trop tard pour se repentir et pour croire en Jésus. Pour Agrippa et pour toute personne encore hésitante, ce sera comme s'ils avaient refusé.

La résurrection change tout

Finalement, nous avons vu comment toute cette audience tourne autour de la résurrection. Paul expliquait simplement sa vie ; mais il était face à un matérialiste, qui ne voyait rien d'autre que ce qu'il pouvait voir et toucher, et la résurrection le faisait sortir de sa mentalité très cartésienne, afin qu'il comprenne que cette mentalité était trop étriquée.

Mais Paul était aussi en face d'un homme tel qu'Agrippa, un homme qui aimait la bonne chair et qui aimait profiter pleinement de la vie. Il était hédoniste, et la résurrection lui faisait comprendre qu'il était redevable envers le Tout-Puissant.

Pourquoi ? À cause de la résurrection de Jésus-Christ, ce moment qui a radicalement changé l'Histoire, mais qui a aussi ouvert une porte, la seule porte vers Dieu, vers la vie éternelle. Jésus ressuscité ne parle pas d'une lumière qui apparaît quelque part dans le lointain, une impression de chaleur, ou de belles voies qu'on entend... En fait, en Apocalypse 1, verset 8, Jésus est très clair : « Je suis l'alpha et l'oméga, dit le Seigneur Dieu, celui qui est, qui était, et qui vient, le Tout-Puissant. »

C'est-à-dire que Jésus n'a pas de commencement, Il n'a pas été créé, Il est l'Alpha. Dr. Timothy Keller[7] dit : Jésus-Christ n'est pas le Beta, Il est l'Alpha, le commencement. Il est aussi l'Oméga, Il n'a pas de fin. Et si vous voulez trouver un sens à votre vie, c'est là où il faut vous placer : entre l'Alpha et l'Oméga, entre les bras de Jésus ! Si vous sortez de l'alphabet, votre vie n'a pas de sens.

Ce que cela veut dire, c'est que vous pouvez être roi, gouverneur, prisonnier, vous devez décider si vous allez croire en Lui, pour à la vie, par rapport à la mort. Parfois nous oublions que nous sommes dans le Seigneur, oui nous servons le Seigneur ressuscité, qui a vaincu la mort ! Le Seigneur donne cette espérance, une véritable espérance qui nous sauve et qui nous soutient toute notre vie.

C'est Lui qui nous a dit, en Jean 11, versets 25 et 26, et le Seigneur vous le dit encore aujourd'hui :

« Jésus lui dit: Je suis la résurrection et la vie. Celui qui croit en moi vivra, quand même il serait mort; et quiconque vit et croit en moi ne mourra jamais. Crois-tu cela? »

Croyez-vous cela ?

C'est l'espoir qui change tout.

---

[7] Dr. KELLER, Timothy, The Cosmic King, sermon, prêché sur Apocalypse 1:9-18, le 23 mai,1993, à New York

8

Dieu veille sur nous, même dans la tempête

Ma mère a grandi dans l'Etat de l'Oklahoma, en plein milieu de l'Amérique continentale, avec de grandes plaines très fertiles. C'est vraiment un endroit idéal pour les agriculteurs, sauf qu'il y fait très très chaud, et que, vers la fin de l'été, il y a d'incroyables tornades.

Lorsque j'étais petit, elle me racontait des tas d'histoires de tornades fascinantes. Il y a surtout une chose bizarre à propos des tornades : elles peuvent détruire dix maisons côte à côte, et, au beau milieu, en laisser une, intacte. On a entendu des histoires qui racontaient comment des vaches étaient soulevées dans les airs, alors que de simples nourrissons étaient épargnés. Des choses incroyables, qui surprennent, étonnent, et font peur ! Et même poussent de grands costauds à crier vers Dieu.

En Actes chapitre 27, nous avons un exemple de comment un homme de Dieu réagit au milieu d'une tempête meurtrière. Cet homme c'est l'apôtre Paul ; il survit à une grande tempête grâce à la main du Seigneur. Ce passage nous encourage parce qu'il donne un petit aperçu des moyens que le Seigneur emploient pour nous soutenir dans les tempêtes de nos vies. Dans l'œil même du cyclone, au cœur de la tempête, Dieu veille sur nous.

Un voyage bien calme...

Versets 1 à 8 : « Lorsqu'il fut décidé que nous nous embarquerions pour l'Italie, on remit Paul et quelques autres prisonniers à un centenier de la cohorte Auguste, nommé Julius. Nous montâmes sur un navire d'Adramytte, qui devait côtoyer l'Asie, et nous partîmes, ayant avec nous Aristarque, Macédonien de Thessalonique.

Le jour suivant, nous abordâmes à Sidon; et Julius, qui traitait Paul avec bienveillance, lui permit d'aller chez ses amis et de recevoir leurs soins.

Partis de là, nous longeâmes l'île de Chypre, parce que les vents étaient contraires.

Après avoir traversé la mer qui baigne la Cilicie et la Pamphylie, nous arrivâmes à Myra en Lycie. Et là, le centenier, ayant trouvé un navire d'Alexandrie qui allait en Italie, nous y fit monter.

Pendant plusieurs jours nous naviguâmes lentement, et ce ne fut pas sans difficulté que nous atteignîmes la hauteur de Cnide, où le vent ne nous permit pas d'aborder. Nous passâmes au-dessous de l'île de Crète, du côté de Salmone.

Nous la côtoyâmes avec peine, et nous arrivâmes à un lieu nommé Beaux Ports, près duquel était la ville de Lasée. »

Tout commence bien. Après une longue attente d'au moins deux ans à Césarée, Paul partit enfin pour Rome. Normalement tout devait bien se passer : un simple voyage tranquille à Rome, tous frais payés par le gouvernement romain ! En plus, quelle bénédiction d'être accompagné par ses deux amis : Aristarque et Luc (versets 1 et 2). Aristarque fut un bon assistant pour Paul alors que Luc était médecin, et donc très utile pour tous les voyageurs.

Imaginez à quel point cela devait l'encourager d'avoir des frères pour prier avec lui, et le soigner si nécessaire... mais aussi et surtout pour évangéliser, parce que, sur un bateau, il n'y a pas grand-chose à faire.

Une deuxième bénédiction était l'amitié qu'il avait pu lier avec Julius, un centurion de la garde impériale. Le texte nous permet d'imaginer la complicité qu'ils ont pu avoir car tous deux étaient des hommes travailleurs et honnêtes. De plus, Julius devait savoir que ce voyage à Rome était complètement inutile comme rien ne s'était passé en secret, et que même le gouverneur l'avait dit !

Le voyage débute donc en bénédiction alors qu'ils prennent la route la plus longue et la plus sûre. Ils restèrent près des côtes, ce qui les protégeait des vents. C'est en arrivant à Beaux-Ports qu'ils durent faire le choix de continuer leur route, ou de rester au port pendant l'hiver. C'est là que Paul intervint.

Prudence et bon sens

Verset 9 à 12 : « Un temps assez long s'était écoulé, et la navigation devenait dangereuse, car l'époque même du jeûne était déjà passée.

C'est pourquoi Paul avertit les autres, en disant: O hommes, je vois que la navigation ne se fera pas sans péril et sans beaucoup de dommage, non seulement pour la cargaison et pour le navire, mais encore pour nos personnes. Le centenier écouta le pilote et le patron du navire plutôt que les paroles de Paul.

Et comme le port n'était pas bon pour hiverner, la plupart furent d'avis de le quitter pour tâcher d'atteindre Phénix, port de Crète qui regarde le sud-ouest et le nord-ouest, afin d'y passer l'hiver. »

L'hiver approche, et nous le savons parce que le texte annonce que fêtes approchent, ce qui est sous entendu les fêtes de fin de l'année. Au verset 9, la fête dont il parle c'est Yom Kippour et la fête des Tabernacles. Ces fêtes ont lieu en septembre et peuvent se terminer en octobre. La saison des voyages en mer se terminait normalement mi-novembre, car il n'y avait plus aucun bateau qui naviguait sur la Méditerranée entre novembre et avril.

Le risque était énorme parce qu'ils voyageaient sur un bateau de presque 300 personnes, avec des tonnes de vivres. Ils avaient quand même intérêt à poursuivre leur voyage vers Rome parce qu'il y avait du blé dans la cargaison qui était destiné à nourrir la capitale en temps de disette. Malgré l'obligation de respecter les échéances de livraison ce genre de bateau voyageait lentement à cause de sa voile carrée qui obligeait à naviguer en zigzag. Si jamais le beau temps se gâtait, ils ne pouvaient pas facilement s'échapper de la tempête.

Pendant leur séjour à Beaux-Ports, ils pensèrent à continuer pour atteindre Phénix. C'est à ce moment que Paul dit : Faites très attention, le temps n'est pas bon ! C'est curieux parce que l'apôtre ne se mêle pas dans les affaires des autres, il savait avant tout qu'il n'est pas appelé à devenir capitaine d'un navire. Pourquoi donc son intérêt dans les divers ports de Crète ? Nous avons une indice dans 2 Corinthiens 11, verset 25, qui avait été écrit bien avant les faits racontés en Actes 27 : « trois fois j'ai été battu de verges, une fois j'ai été lapidé, trois fois j'ai fait naufrage, j'ai passé un jour et une nuit dans l'abîme... » Il a déjà passé la nuit en pleine mer après un naufrage et il ne voulait pas répéter l'expérience. C'est pourquoi Paul a tellement d'audace pour le dire à Julius le centurion !

Que cherchaient-ils en allant au prochain port ? Qu'est-ce qui était si important pour qu'ils soient prêts à prendre de tels risques ? La cargaison, bien sûr, était très importante !

Beaux-Ports, aujourd'hui comme à l'époque, est un endroit assez ouvert et assez exposé aux vents ; et cela pouvait causer des dégâts sur le bateau, c'est quelque chose qu'ils voulaient éviter.

À Phénix, par contre, c'était bien protégé et plus petit. Certains commentateurs parlent de l'existence de tavernes ! Voilà pourquoi ils voulaient prendre le risque de continuer le voyage en restant tout près de la côte, pour passer tranquillement l'hiver à Phénix.

Paul était un prisonnier religieux, alors, que pouvait-il connaître de la navigation et de la mer ?

Paul utilisait tout simplement son bon sens. Le texte ne nous dit pas que le Seigneur lui avait parlé, donc nous ne pouvons pas l'affirmer, mais sachant ce qu'il avait déjà vécu, si nous étions à sa place, nous voudrions aussi certainement donner notre avis.

Bien sûr, cela a été prévu d'avance par le Seigneur, mais Il nous a aussi donné du bon sens, et pour un Chrétien, c'est essentiel de l'utiliser quand il le faut.

En effet, dès qu'ils quittèrent Beaux Ports, les choses commencèrent à tourner mal et ils durent bientôt faire face à une impétueuse tempête. Ce sont les versets 13 à 20, qui nous expliquent comment ils passèrent du grand calme à la dérive totale.

Quand le vent souffle c'est trop tard de revenir en arrière

« Un léger vent du sud vint à souffler, et, se croyant maîtres de leur dessein, ils levèrent l'ancre et côtoyèrent de près l'île de Crète. Mais bientôt un vent impétueux, qu'on appelle Euraquilon, se déchaîna sur l'île.

Le navire fut entraîné, sans pouvoir lutter contre le vent, et nous nous laissâmes aller à la dérive. Nous passâmes au-dessous d'une petite île nommée Clauda, et nous eûmes de la peine à nous rendre maîtres de la chaloupe; après l'avoir hissée, on se servit des moyens de secours pour ceindre le navire, et, dans la crainte de tomber sur la Syrte, on abaissa les voiles. C'est ainsi qu'on se laissa emporter par le vent.

Comme nous étions violemment battus par la tempête, le lendemain on jeta la cargaison à la mer, et le troisième jour nous y lançâmes de nos propres mains les agrès du navire. Le soleil et les étoiles ne parurent pas pendant plusieurs jours, et la tempête était si forte que nous perdîmes enfin toute espérance de nous sauver. »

Le mot 'Euraquilon' ne s'utilise plus pour décrire un vent dans cette région. C'est une combinaison d'un mot latin et grec, qui était certainement utilisée par les marins qui naviguaient dans ces eaux. Par contre, aujourd'hui on remarque un nouveau phénomène vers fin de l'été et le début de l'automne, quand les eaux de la Méditerranée sont encore chaudes. Il y a des dépressions climatiques qui provoquent des cyclones, que certaines personnes appellent des 'médicanes' (Méditerranée + hurricane). Dans les images satellites, ces tempêtes apparaissent très menaçantes. En mer, il est impossible de naviguer et même un navire moderne risque de faire naufrage s'il se trouve en plein milieu de la tempête.

Revenons-en au texte. Imaginez-vous perdu au beau milieu de la Méditerranée dans une tempête de ce genre ! Sans voir ni le soleil, ni les étoiles... il y a vraiment de quoi se sentir bien seul ! Surtout qu'à cette époque les marins se guidaient d'après les étoiles ! Aujourd'hui ce serait comme si tous les appareils électroniques tombaient en même temps en panne, et que sans boussole, il n'y avait plus rien pour naviguer.

Ils étaient donc complètement perdus. Alors ils abaissèrent la voile pour ne pas aller ni trop loin ni trop vite. Le texte dit qu'ils ceinturèrent aussi la coque du bateau, afin qu'elle ne se fracassât pas sous la force des vagues ; et c'est aussi un signe qu'il y avait déjà certainement une brèche quelque part. Puis ils jetèrent les agrès, d'abord parce qu'ils n'en avaient plus besoin, mais aussi pour alléger le bateau ; signe que le bateau commençait à prendre l'eau.

Ils étaient donc perdus en pleine mer, dans une énorme tempête, sans vraiment savoir quel serait leur sort. N'est-ce pas ce qui se passe dans nos vies, parfois ? Il y a des moments qui sont si intenses, c'est comme si on ne pouvait plus naviguer ; les vents sont si forts et si contraires qu'on se sent comme ballotté en pleine mer, et on a même l'impression qu'on commence à couler.

L'espérance au milieu de la tempête

Et c'est à ce moment-là, en plein milieu de la nuit, que Jésus intervint et que Paul reçut un message, grâce à un ange. Verset 21 à 26: « On n'avait pas mangé depuis longtemps. Alors Paul, se tenant au milieu d'eux, leur dit: O hommes, il fallait m'écouter et ne pas partir de Crète, afin d'éviter ce péril et ce dommage.

Maintenant je vous exhorte à prendre courage; car aucun de vous ne périra, et il n'y aura de perte que celle du navire. Un ange du Dieu à qui j'appartiens et que je sers m'est apparu cette nuit, et m'a dit: Paul, ne crains point; il faut que tu comparaisses devant César, et voici, Dieu t'a donné tous ceux qui naviguent avec toi.

C'est pourquoi, ô hommes, rassurez-vous, car j'ai cette confiance en Dieu qu'il en sera comme il m'a été dit. Mais nous devons échouer sur une île. »

Ne pensez pas que Paul était quelque part seul dans une cabine ! Rappelez-vous qu'il y avait presque trois cents personnes à bord, et qu'elles étaient les unes sur les autres.

Comment Paul a-t-il pu, dans une telle situation, continuer à prier et recevoir un message du Seigneur ? Avec trois cents personnes à bord ! Probablement la nuit, quand les gens essayaient de dormir, quand les choses étaient plus calmes... même dans une telle tempête... car finalement, c'était le seul moment pour avoir un semblant de calme. Les matelots devaient essayer de se reposer, malgré la peur, et malgré la tempête. C'est alors qu'un ange lui apparut, lui parla et le réconforta.

C'est vrai aussi pour nous ; quand nous traversons des moments difficiles, la nuit, le Seigneur peut parfois nous réveiller. Certes, à y penser c'est un peu agaçant parce qu'on a vraiment besoin de dormir, mais une fois bien réveillé, on se trouve dans un moment de calme donné par le Seigneur pour que nous puissions prier, méditer, et même pour Lui parler de tout ce que nous avons sur le cœur.

L'ange est venu apaiser Paul ; car même s'ils étaient perdus, Dieu savait exactement où ils étaient. L'ange n'a pas raté le rendez-vous ! Il aurait pourtant été facile de dire : « Eh bien, Seigneur, puisque Tu sais où nous sommes, délivres-nous ! » Mais le Seigneur était en train de les protéger ; et nous allons voir qu'Il était aussi en train de les diriger, de les conduire ! Même au travers d'une énorme tempête !

La tempête était la première étape. Ensuite ils devaient échouer sur une île, et sur cette île, il y avait des gens à sauver. Une chose est sûre, sans cette tempête, ils ne seraient jamais allés à Malte. De plus, il y avait presque trois cents personnes à bord et seulement trois d'entre elles croyaient en Jésus ; Dieu voulait se glorifier en manifestant Sa présence au milieu d'eux, en intervenant dans la situation.

Et il fallait aussi que Paul comparaisse devant César.

Toutes ces choses devaient se passer selon la volonté et la souveraineté de Dieu. Arthur Pink dit : « Nous sommes immortels jusqu'à notre travail soit terminé, immortels jusqu'à ce que le Roi nous appelle... »[8], et c'est bien de nous souvenir que

---

[8] PINK, Arthur Walkington, Godhood of God, The Absolute Godhood of God is Seen in Administration, paragraphe 3, Selected Works of A. W. Pink, 1886-1952, Public Domain, Electronic text downloaded from the Christian Classics Ethereal Library <http://www.ccel.org/>. Electronic text hypertexted and prepared by OakTree Software, Inc.
Texte originel : We are immortal till our work is done, immortal till the immortal King shall call us home to the land where we shall be immortal in a still higher sense.

Sa main toute puissante est sur nous, pour que nous n'ayons pas peur au cœur de la tempête.

A ce moment-là, les marins écoutèrent ce que Paul avait à dire, mais ils n'entendirent probablement qu'un seul mot : échouer ! Et voici leur réaction aux versets 27 à 32.

La peur contre la raison

« La quatorzième nuit, tandis que nous étions ballottés sur l'Adriatique, les matelots, vers le milieu de la nuit, soupçonnèrent qu'on approchait de quelque terre. Ayant jeté la sonde, ils trouvèrent vingt brasses; un peu plus loin, ils la jetèrent de nouveau, et trouvèrent quinze brasses. Dans la crainte de heurter contre des écueils, ils jetèrent quatre ancres de la poupe, et attendirent le jour avec impatience. Mais, comme les matelots cherchaient à s'échapper du navire, et mettaient la chaloupe à la mer sous prétexte de jeter les ancres de la proue, Paul dit au centenier et aux soldats: Si ces hommes ne restent pas dans le navire, vous ne pouvez être sauvés. Alors les soldats coupèrent les cordes de la chaloupe, et la laissèrent tomber. »

Les matelots paniquèrent. Ils commencèrent à sonder la mer, et ils virent qu'ils s'approchaient d'une terre... La première sonde donna environ une trentaine de mètres, la seconde en faisait presque la moitié... à présent ils avaient très peur !

Comme ils ne croyaient pas en Dieu, pas en notre Dieu - peut-être croyaient-ils en autre chose - ils paniquèrent, et ils pensèrent à prendre le bateau de sauvetage, à se sauver eux-mêmes, à ne pas attendre sur le Dieu de Paul.

Sans eux et sans leur expérience, il allait être vraiment difficile pour le reste des passagers de survivre. Oui, c'est vrai, Dieu aurait pu étendre Sa main et soulever le bateau !... Mais, très souvent, Il utilise des moyens très naturels, et Il voulait utiliser ces matelots.

Paul dit donc aux soldats : « Arrêtez ces hommes ! » Comme nous le disent tous les textes anciens concernant les soldats romains, ils agissaient vite et quelquefois même trop violemment, et ici leur réaction fut de couper les amarres du bateau de sauvetage !... Comme aurait dit Astérix : « Ils sont fous, ces Romains ! »

Tout espoir s'évanouit avec la perte du bateau de sauvetage... Quelque chose de très spécial se passa : A l'image de Jésus, Paul prépara une table pour eux, il amena Jésus au cœur de la tempête.

Paul s'occupe de leur vrai besoin

Versets 33 à 38 : « Avant que le jour parût, Paul exhorta tout le monde à prendre de la nourriture, disant: C'est aujourd'hui le quatorzième jour que vous êtes dans l'attente et que vous persistez à vous abstenir de manger. Je vous invite donc à prendre de la nourriture, car cela est nécessaire pour votre salut, et il ne se perdra pas un cheveu de la tête d'aucun de vous.

Ayant ainsi parlé, il prit du pain, et, après avoir rendu grâces à Dieu devant tous, il le rompit, et se mit à manger. Et tous, reprenant courage, mangèrent aussi. Nous étions, dans le navire, deux cent soixante-seize personnes en tout.

Quand ils eurent mangé suffisamment, ils allégèrent le navire en jetant le blé à la mer. »

En plein milieu de cette tempête, Paul nourrit les gens ; mais il le fit d'une manière très spécifique. Il prit soin de leur besoin physique, mais il le fit d'une certaine manière, exactement comme l'avait fait Jésus, la nuit avant Sa crucifixion.

Ce n'est pas fortuit, c'est en toute connaissance de cause que Paul agit ainsi. Et même s'il n'y avait que Luc et Aristarque qui comprenaient parfaitement ce qu'il était en train de faire, qu'importe ! Il le fit, et cela amena le calme et la paix du Seigneur dans la situation.

Comme avec ce navire et ces personnes qui étaient perdues et devaient être sauvées par le Seigneur, pour toute l'humanité perdue, Jésus est venu sur terre en payant le prix de notre rédemption, pour que tous ceux qui croient puissent avoir la vie éternelle.

L'invitation est là ! Les gens peuvent venir, comme ils peuvent aussi la rejeter, mais Paul, dans ce moment décisif, leur montra Jésus.

C'est important et c'est un principe que nous pouvons utiliser de milliers de manières différentes : lorsque nous sommes angoissés, avons peur, lorsque nous sommes en plein milieu de la tempête, nous avons besoin de Jésus ! Nous avons besoin de communier avec Lui ! Même si c'est loin de notre pensée, et même si, parfois, ce que nous désirons le plus c'est qu'Il mette un terme à la situation et qu'Il résolve notre problème. Communier avec Lui, se rappeler Sa mort, Sa crucifixion, Sa résurrection, c'est la chose la plus importante, la plus nourrissante à faire !

De la même manière, pour tous ceux qui souffrent autour de nous... Il y a des gens qui souffrent énormément et la chose dont ils ont le plus besoin, la chose la plus importante, c'est Jésus. C'est très bien que nous fassions tout ce que nous pouvons pour les aider dans leurs besoins physiques, c'est plus qu'un geste, c'est important d'exercer la compassion, cela fait partie des principes de base de celui qui croit en l'Evangile... mais, il faut aussi que nous qui connaissons Christ, puissions rendre témoignage de Lui dans nos actes de compassion. C'est ce que Paul fait à ce moment-là. Même si on peut penser que leur premier besoin c'est la terre ferme, Paul sait quand même que de connaître l'Evangile leur apporterait davantage, et d'une autre manière.

Naufragé !

Finalement, il n'y avait qu'une seule solution : échouer sur l'île. Et c'est ce qu'ils firent. Versets 39 à 41 : « Lorsque le jour fut venu, ils ne reconnurent point la terre; mais, ayant aperçu un golfe avec une plage, ils résolurent d'y pousser le navire, s'ils le pouvaient. Ils délièrent les ancres pour les laisser aller dans la mer, et ils relâchèrent en même temps les attaches des gouvernails; puis ils mirent au vent la voile d'artimon, et se dirigèrent vers le rivage. Mais ils rencontrèrent une langue de terre, où ils firent échouer le navire; et la proue, s'étant engagée, resta immobile, tandis que la poupe se brisait par la violence des vagues. »

N'oubliez pas qu'ils étaient à présent vers la fin octobre, voire au début ou à la mi-novembre : il faisait froid et la mer était déchaînée. Pourtant il fallait nager ! Ceux qui le pouvaient devaient donc se jeter à la mer, parce que le bateau se brisait sous la force des vagues. Les autres durent trouver une planche, et se jeter à la mer pour arriver comme ils le pouvaient jusqu'à la terre ferme.

Mais cela déplut aux soldats qui avaient la charge des prisonniers parce qu'ils craignaient qu'ils ne s'échappassent, si cela avait été le cas les soldats auraient été exécutés à leur place, et cela ne sachant même pas si eux-mêmes parviendraient sains et saufs sur le rivage.

Versets 42 à 44, Les soldats prirent les choses en main : « Les soldats furent d'avis de tuer les prisonniers, de peur que quelqu'un d'eux ne s'échappât à la nage. Mais le centenier, qui voulait sauver Paul, les empêcha d'exécuter ce dessein. Il ordonna à ceux qui savaient nager de se jeter les premiers dans l'eau pour gagner la terre, et aux autres de se mettre sur des planches ou sur des débris du navire. Et ainsi tous parvinrent à terre sains et saufs. »

Tout le monde arriva sain et sauf ! Julius voulait sauver Paul, certainement Dieu protégea son envoyé en utilisant leur amitié ! Et, exactement comme Paul l'avait prédit, tout le monde arriva sain et sauf sur la terre ferme. Malgré tout ! Les soldats tentèrent quelque chose, mais quand Dieu prédit quelque chose, les choses arrivent exactement comme Il l'a dit.

Jésus ne se perd jamais dans les tempêtes

En conclusion, nous avons vu comment un voyage qui devait être tranquille, devint assez vite un drame. Or, tout au long de ce périple, Paul est soutenu par le Seigneur ; bien sûr, il avait aussi Aristarque et Luc qui priaient avec lui, ce qui n'est pas du tout négligeable. Paul resta calme et lucide, et grâce à ce qu'il avait reçu du Seigneur, les gens sur le navire furent sauvés.

Nous voyons que Paul priait, qu'il communiquait avec Dieu ; Aristarque et Luc aussi priaient pour Paul et pour le navire ; même si la vie autour de nous n'est pas très belle, nous avons là une belle image de ce que peut être notre vie. Nous avons aussi des frères et des sœurs pour prier avec nous, nous avons Jésus Tout-Puissant qui prie pour nous, qui intercède pour nous et qui nous soutient dans toutes nos épreuves. Romains 8 verset 34 dit : Qui les condamnera? Christ est mort; bien plus, il est ressuscité, il est à la droite de Dieu, et il intercède pour nous !

Quand nous sommes ballottés par les vagues, et que les gens autour de nous commencent à paniquer, qu'ils perdent confiance, qu'ils veulent s'échapper, qu'ils veulent parfois s'autodétruire, et que nous sommes tentés de paniquer aussi... n'oublions pas ce qui est écrit dans le Psaume 91 :

« Celui qui demeure sous l'abri du Très-Haut Repose à l'ombre du Tout Puissant.Je dis à l'Éternel: Mon refuge et ma forteresse, Mon Dieu en qui je me confie!Car c'est lui qui te délivre du filet de l'oiseleur, De la peste et de ses ravages.Il te couvrira de ses plumes, Et tu trouveras un refuge sous ses ailes; Sa fidélité est un bouclier et une cuirasse.Tu ne craindras ni les terreurs de la nuit, Ni la flèche qui vole de jour,Ni la peste qui marche dans les ténèbres, Ni la contagion qui frappe en plein midi.Que mille tombent à ton côté, Et dix mille à ta droite, Tu ne seras pas atteint;De tes yeux seulement tu regarderas, Et tu verras la rétribution des méchants.Car tu es mon refuge, ô Éternel! Tu fais du Très-Haut ta retraite. »

Vous n'êtes pas perdu dans l'œil de la tempête. Vous n'êtes pas perdu !... parce que Dieu veille sur vous. Il sait exactement où vous êtes, et Il veille sur vous. Ne perdez pas courage !

Imaginons ce qui arriverait si nous priions les uns pour les autres dans des moments comme ceux-là ! Souvenons-nous des Ecritures comme le Psaume 91 !

Je vous invite à venir humblement, à vous agenouiller et à vous adresser à Dieu.

Nous ne sommes pas perdus... ne perdons pas courage ! Dans les grandes comme les petites choses, et même au cœur de la plus grosse tempête, les yeux de Dieu sont sur nous, Il veille sur nous et nous garde.

9

La Philanthropie et l'Evangile

En tant qu'Américain en France, je me suis toujours intéressé à la culture française dans sa grande diversité. Ce pays nous est devenu très cher et c'est la raison pour laquelle nous aimons les célébrations du 14 juillet comme le défilé militaire. C'est pratiquement devenu une petite tradition familiale, et en 2012 j'ai vu quelque chose qui m'a beaucoup touché. C'était une scène qui n'était pas du tout dans le programme officiel. À la fin des cérémonies, la tradition veut qu'il y a les parachutistes d'élites qui font un saut qu'ils ont préparé avec une précision inouïe. Ils descendent, atterrissent sur les Champs Elysées quelques mètres devant le président, et lui présentent le drapeau français afin de clôturer le défilé.

Cette année-là, l'un des parachutistes s'est blessé au genou; il ne pouvait pas se relever et est resté par terre à l'écart. Cependant, après la cérémonie, à la grande surprise de tout le monde, le président est allé voir si le soldat blessé avait été bien soigné. Les journalistes avaient du mal à le suivre mais voulaient enregistrer toute la conversation. Ce que nous avons vu à la télévision, par contre, a touché notre cœur parce que malgré le faste de la cérémonie, nous avons été témoins d'un acte très digne, et très humain. Le président a su sortir du protocole habituel de cette journée.

Je pense que dans notre société, les actes de simple civilité sont devenus rares. Justement, quand il s'agit d'œuvres caritatives, de générosité, de philanthropie: elles ne sont pas très répandues pourtant ce sont des choses pour lesquelles nous sommes très sollicités. Preuve en est les centaines de campagnes d'appel aux dons que nous voyons et recevons.

Ceci dit, nous savons aussi, surtout si nous sommes dans la foi chrétienne, que ce n'est pas tout, la générosité, les actes de civilité sont aussi très importants même si les meilleures bonnes œuvres ont des limites. Souvent elles s'épuisent par manque de financement, de volonté, ou d'organisation, et alors de graves situations demeurent en l'état. Il est difficile d'avoir un impact dans le long terme. Ne perdons pas courage pour autant ! Tendre la main et accomplir son quota de BA (bonnes actions) est quelque chose de nécessaire, néanmoins il y existe quelque chose de plus efficace car cela impacte nos cœurs en profondeur, et c'est l'Evangile.

En effet, Actes chapitre 28 nous montre que la bienveillance de certains individus envers l'apôtre Paul avait touché les gens, ils avaient pu pouvoir à certains de leurs besoins immédiats, mais, lorsque ces gens-là furent changés par l'Evangile, il y eut une explosion spirituelle et une surabondance de bénédictions, ce à quoi ils ne s'attendaient pas.

Actes 28 versets 1 et 2. « Après nous être sauvés, nous reconnûmes que l'île s'appelait Malte. Les barbares nous témoignèrent une bienveillance peu commune; ils nous recueillirent tous auprès d'un grand feu, qu'ils avaient allumé parce que la pluie tombait et qu'il faisait grand froid. »

Un apôtre réfugié ?

A leur arrivée sur l'île de Malte, ils furent accueillis avec une grande générosité. Pourtant les naufragés étaient à peu près 300 ! On a du mal à imaginer l'apôtre Paul ainsi, mais aux yeux des Maltais, il était un réfugié. Sur une île où vivaient seulement quelques milliers de personnes, trois cents personnes de plus, c'était énorme ! Au lieu de les repousser... ils les ont accueillis, ils leur préparèrent un feu. Ils furent en fait accueillis avec une grande bienveillance.

Quelle drôle de situation : ces héros de la foi, Paul, Aristarque et Luc, étaient à présent des nécessiteux ! N'est-ce pas intéressant aussi que les Maltais soient appelés barbares ? Le mot désignait sans préjudice, ceux qui ne parlaient pas le grec et qui ne connaissaient pas la culture gréco-romaine. Si le mot est employé dans le texte, c'est pour montrer que ses gens supposes ne pas connaître les bonnes mœurs, étaient bien accueillants, et au delà de ce qu'ils pouvaient espérer.

En fait le mot que nous traduisons par 'bienveillance', est ce qui, en français, a donné notre mot 'philanthropie', dont la racine en grec est 'philéo', qui signifie 'amour fraternel'. Ces 'barbares' firent donc preuve d'amour fraternel, de bienveillance, de générosité qui allait au-delà de ce qu'on aurait pu espérer. C'est Dieu, dans les coulisses qui dirigeait tout cela !

En Matthieu 10, verset 42, nous lisons : « Et quiconque donnera seulement un verre d'eau froide à l'un de ces petits parce qu'il est mon disciple, je vous le dis en vérité, il ne perdra point sa récompense. » Ici, par contre, il s'agit d'actes de générosité de la part d'incroyants, on peut donc aller bien plus loin.

Dieu change l'opinion publique avec une vipère

Dieu utilise un autre élément qui sort vraiment de l'ordinaire, quelque chose d'étonnant, qui, aux yeux de ces 'barbares', est vu comme une malédiction ! Dieu transforme la situation, et grâce à cela ces 'barbares' deviendront des frères et des sœurs en Christ.

Regardez les versets 3 à 5 : « Paul ayant ramassé un tas de broussailles et l'ayant mis au feu, une vipère en sortit par l'effet de la chaleur et s'attacha à sa main.

Quand les barbares virent l'animal suspendu à sa main, ils se dirent les uns aux autres: Assurément cet homme est un meurtrier, puisque la Justice n'a pas voulu le laisser vivre, après qu'il a été sauvé de la mer.

Paul secoua l'animal dans le feu, et ne ressentit aucun mal. »

Paul se mit tout de suite au service des gens. Il alla chercher du bois, et s'occupa du feu. Bien sûr, lui aussi avait froid, il venait d'échapper à la noyade et tout comme tous les autres, il était trempé. On l'imagine mal en train d'examiner chaque morceau de bois qu'il ramassait mais parfois les vipères s'y réfugient lorsqu'il fait froid et restent immobiles. Au moment où la vipère sentit la chaleur, elle se réveilla et mordit Paul. La vipère avait dû être bien brûlée par les flammes et la scène avait dû être assez violente, parce qu'elle s'attacha à la main de Paul et s'enroula autour de son bras.

Mettons-nous maintenant dans la peau de Paul et imaginons sa frustration ! Il voulait servir ces gens, ce n'était pas de sa faute s'il était là, il avait bien averti les matelots et les soldats; cet accident aurait pu être évité. De plus, depuis le début il prenait soin d'eux, et au moment où il était au plus bas, il fut mordu par un serpent... Imaginons sa frustration !

Et comme si cela n'était pas suffisant les Maltais le jugent ! Ils le condamnèrent sans le connaître !

Imaginez sa tentation de murmurer, de se plaindre ! Ce serait trop pour moi aussi ! Cependant, Paul, à ce moment-là, comme toujours, fut vraiment exemplaire. Face à ces regards superstitieux et critiques, même s'il venait d'être empoisonné, il ne réagit pas dans la chair. C'est justement à cause de sa réaction, que Dieu utilisa toute la situation pour toucher les Maltais.

Paul ne critiqua même pas Dieu ! C'est très important... parce que, critiquer Dieu, surtout devant les incroyants, est une terrible insulte ! C'est tout le contraire de partager l'évangile car comment expliquer l'amour de Dieu à ceux qui viennent de nous entendre le médire. Surtout lorsque nous le faisons entre nous ! D'un point de vue divin, Dieu est en train de sauver toute une île ; Paul n'était pas au courant, il se retrouvait au milieu de l'action et, à ce moment-là, il aurait pu arrêter l'œuvre de Dieu par ses plaintes. C'est pourquoi il est tellement important de ne pas céder à ces tentations.

Que fit-il ? Il secoua la bête qui tomba dans le feu. Voilà l'exemple à suivre. Surtout quand on est blessé au service du Seigneur. Secouer la bête, et la laisser tomber dans le feu ! Car Dieu intervient miraculeusement. Le texte dit que Paul ne ressentit aucun mal.

Le plus grand mal, ce n'est pas le venin du serpent, c'est l'amertume de celui qui remue les choses sans cesse dans sa tête. En fait, il perd son temps à organiser une riposte, à détruire des relations, parce qu'il n'a pas simplement laissé tomber la bête et continuer à servir le Seigneur.

Paul avait compris, animé par la puissance du Saint-Esprit - le même Saint-Esprit que nous avons, d'ailleurs - qui lui avait donné le pouvoir de le faire et de continuer. Comme Il le fait pour nous ! C'est lui qui avait la véritable richesse ! C'est lui qui servit tous les autres ! C'est lui qui contribua à les amener à la vie.

Toutes nos bonnes œuvres, sont plus efficaces lorsqu'elles sont enracinées dans l'Evangile. C'est ce qui nous donne la grâce qui change les vies parce que si nous n'avons rien à donner, ce n'est pas très efficace. Au mieux ce sont comme des dons pris sur un crédit qu'on ne pourra jamais rembourser, mais si le don vient de la richesse infinie de la grâce de Dieu, de Celui qui a tout donné pour nous sauver, alors c'est sérieux ! C'est cela qui touchera les gens.

Ainsi, finalement, Dieu utilise la plaie pour sa gloire. En effet, lorsque les gens ont vu Dieu agir dans la vie de Paul, leur regard sur lui changea.

Verset 6 : « Ces gens s'attendaient à le voir enfler ou tomber mort subitement; mais, après avoir longtemps attendu, voyant qu'il ne lui arrivait aucun mal, ils changèrent d'avis et dirent que c'était un dieu. » Ils l'observaient et attendaient. Ils le condamnèrent dans leur cœur parce qu'ils pensaient qu'il s'agissait de la justice divine. Le temps passa mais Paul ne mourut pas c'est un peu comme lorsqu'il y a un accident de la route et que les gens ralentissent et regardent pour voir ce qui se passe.

Rien ne se passe ! Plus le temps passait, plus ils en furent étonnés. La seule explication logique dans leur monde, fut que Paul était un dieu. Malgré les chaînes, malgré le fait qu'il fût sous bonne garde... c'était un dieu.

Evidemment c'est illogique, mais cela correspondait à leur croyance pagine, ils ne connaissent pas le Seigneur, pas encore ! Nous aussi, nous avons tous eu des idées un peu illogiques avant de connaître le Seigneur, et cela est normal ! Cela devrait nous donner de la patience lorsque nous sommes avec des gens qui ont des idées un peu... originales.

Paul ne laissa pas les choses se terminer ainsi. Nous l'avons vu en Actes 14, quand il était dans la même situation, il avait très bien expliqué qu'il n'était pas un dieu. C'est parce que l'Evangile lui était très cher, parce qu'il vivait pour évangéliser.

En 1 Corinthiens 9, verset 16, il dit : « Si j'annonce l'Évangile, ce n'est pas pour moi un sujet de gloire, car la nécessité m'en est imposée, et malheur à moi si je n'annonce pas l'Évangile ! » Nous savons qu'il a bien partagé l'Evangile avec ces gens, et qu'il y a eu un changement. Comme nous l'avons dit dès le début, ces bonnes œuvres étaient de magnifiques choses, mais Paul leur offrit quelque chose de mieux ! Toute l'éternité avec Jésus ! Grâce à Jésus ! L'Evangile prévaut !

Des prisonniers invités

Une porte s'ouvrit, à laquelle aucun d'eux ne s'attendait pas. Verset 7 à 8. « Il y avait, dans les environs, des terres appartenant au principal personnage de l'île, nommé Publius, qui nous reçut et nous logea pendant trois jours de la manière la plus amicale. Le père de Publius était alors au lit, malade de la fièvre et de la dysenterie; Paul, s'étant rendu vers lui, pria, lui imposa les mains, et le guérit. »

Nous ne connaissons pas grande chose sur Publius ; il était fort probable, étant donné son nom, Publius, un nom à consonance romaine, qu'il était gouverneur de l'île. Comment se fait-il que Paul, le prisonnier, se retrouve chez lui, invité d'honneur pendant trois jours ?

Julius était centenier dans la garde impériale, nous en avons parlé la dernière fois. Dans le texte, lorsqu'il est mentionné leur réception amicale, c'est encore ce même mot qui est utilisé et qui a donné la philanthropie. Encore une fois, nous voyons que

Paul bénéficiait de la bienveillance des incroyants.

Sachez aussi qu'à l'époque, exercer l'hospitalité de cette manière était très apprécié par la société et que les gens attendaient cela de vous. C'étaient donc des gens de bien : Le Seigneur l'a vu et les a bénis.

Ne vous y trompez pas, ce n'est pas parce que le Seigneur était impressionné par leur générosité ! Ni d'ailleurs parce qu'ils l'ont mérité, non ! Dieu les a bénis selon les richesses de Sa grâce, faveur imméritée de Dieu. Si quelqu'un pouvait mériter la grâce de Dieu, le sacrifice à la croix de Jésus-Christ perdrait tout son sens ! En fait, en Tite chapitre 3, verset 5, nous lisons : « il nous a sauvés, non à cause des œuvres de justice que nous aurions faites, mais selon sa miséricorde, par le baptême de la régénération et le renouvellement du Saint-Esprit, »

Aux yeux du monde c'étaient des gens de bien ; mais s'ils sont sans Jésus, ils sont toujours en route pour l'enfer, et une séparation éternelle d'avec Dieu. Comme nous l'avons vu, Paul a été envoyé pour sauver ces gens. Ils ne s'étaient pas rencontrés par accident ! Dieu ne veut pas que les gens aillent en enfer, ce n'est pas Sa volonté ! Il a donc envoyé Paul, et c'est pour la même raison qu'Il vous a envoyés là où vous êtes, pour que vous touchiez les gens que vous rencontrez. Dieu est le véritable Philanthrope ! C'est Lui qui a toutes les richesses, Il veut sauver. Son plan est défini: il ne s'agit pas de donner un petit peu ici ou là, mais de sauver les gens, pour que Ses anciens ennemis deviennent Ses enfants.

C'est exactement ce qu'Il était en train de faire là, dans la maison de Publius car il se trouvait qu'à ce moment-là, le père de Publius était malade. Une maladie sévissait depuis longtemps sur l'île de Malte. Au XIX° siècle on a découvert qu'il y avait un problème dans l'élevage des chèvres, et les personnes qui mangeaient le fromage de chèvres, buvaient leur lait ou mangeaient leur viande, tombaient malades. Ils attrapaient la dysenterie et certaines personnes en mouraient.

Paul imposa les mains à cet homme malade, et par la puissance du Saint-Esprit, il fut guéri ! Il n'y a pas d'autre explication. Ce n'est que dix-neuf siècles plus tard qu'on a découvert la cause de sa maladie. Ce jour-là, il avait suffit que Paul, rempli du Saint-Esprit fut là, qu'il lui imposât les mains et l'homme fut guéri.

Remarquez aussi l'humilité de Paul : il faisait les choses simplement, il ne prit pas de grands airs, il agit aussi simplement que lorsqu'il avait ramassé du bois pour le feu.

Cela nous montre que servir le Seigneur, c'est aussi bien ramasser du bois que guérir un homme. L'essentiel c'est l'état de notre cœur. Bien sûr, Paul voulut guérir cet homme; personne ne veut voir les gens souffrir, mais comme il l'avait dit à Timothée, en 1Timothée 4, verset 7 et 8 : « Repousse les contes profanes et absurdes. (4:8) Exerce-toi à la piété; car l'exercice corporel est utile à peu de chose, tandis que la piété est utile à tout, ayant la promesse de la vie présente et de celle qui est à venir. » On peut penser que cette guérison arrivait à point nommé ; mais il y avait quelque chose de mieux à en retirer : le salut, le salut de son âme.

Du coup, lorsque Paul et sa compagnie quittèrent la maison, ce fut tout un foyer qui, maintenant, appartenait au Seigneur. La tradition chrétienne nous enseigne que Publius est devenu le premier évêque ou pasteur de cette île !

Grâce à ces circonstances, grâce à tous ces événements 'malchanceux', regardez ce qui se passe. Versets 9 et 10 : « Là-dessus, vinrent les autres malades de l'île, et ils furent guéris. On nous rendit de grands honneurs, et, à notre départ, on nous fournit les choses dont nous avions besoin. »

Très vite les gens apprirent ce qui se passait, et ils amenèrent tous leurs malades ; c'est peut-être pour cela que Paul ne resta que trois jours chez Publius ! Il n'y avait certainement plus de place dans sa maison pour héberger tout le monde ! Néanmoins, il guérit ces gens et demeura sur l'île pendant trois mois. A son départ, les gens le bénirent et lui rendirent les honneurs. Paul ne recherchait pas les honneurs, c'est le Seigneur qui l'éleva ; lui, Paul, qui s'était humilié, le Seigneur lui fit grâce.

Des bonnes œuvres

Même si nous sommes ballotés par les vagues, même si nous subissons des choses douloureuses et venimeuses comme un serpent qui s'attache à notre main pendant que nous sommes en train de servir le Seigneur, nous ne savons pas ce que le Seigneur peut préparer à travers tout cela. Ici, le Seigneur a utilisé chacune de ces étapes pour préparer le salut de toute une île. C'est ainsi que Jésus est glorifié, et c'est ainsi que la famille de Dieu grandit.

Pour nous, c'est un bon rappel que nous ne devons pas critiquer les circonstances, et que nous ne devons pas, bien sûr, critiquer Dieu. Laissons tomber ces blessures que nous recevons, ne laissons pas l'ennemi nous distraire, ou nous emmener loin du Seigneur.

C'est aussi une bonne exhortation en ce qui concerne les véritables bonnes œuvres. Nous ne sommes pas sauvés par nos bonnes œuvres, mais est-ce que vous savez que nous sommes sauvés pour... faire de bonnes œuvres ? C'est alors que nous glorifions le Seigneur !

Regardons en Tite 2, verset 14 : Jésus-Christ, « qui s'est donné lui-même pour nous, afin de nous racheter de toute iniquité, et de se faire un peuple qui lui appartienne, purifié par lui et zélé pour les bonnes œuvres. »

Ce n'est donc pas une question de contrebalancer nos bonnes œuvres avec la lumière de l'Evangile, non ! Mais si vous avez vraiment été touchés par l'Evangile, vos bonnes œuvres doivent se produire dans votre vie ; elles viendront naturellement.

Pourquoi ? Parce que dans cette ville où nous vivons, c'est le grand 'Moi' qui est exalté. C'est l'égoïsme qui a une véritable valeur.

Quand les gens servent les autres, mais pas pour servir leurs propres intérêts, pas pour se faire remarquer, mais pour la gloire de leur Sauveur, c'est différent. C'est ce qui peut faire toute la différence ! C'est ce que nous avons vu dans ce passage.

De quoi parlerons-nous quand nous serons avec le Seigneur : Ah, j'aurais dû aller à ce spa ! J'aurais dû m'acheter ceci ou cela...

Ou bien est-ce que ce sera une conversation à propos des choses que nous avons faites pour autrui, des gens que nous avons servis, et surtout ces personnes ont été touchées par l'Evangile ? Et peut-être même seront-elles présentes, avec nous, elles, touchées par le Seigneur à travers nous.

Que cela soit notre joie !

Aujourd'hui est encore le moment de créer de la joie pour demain. Allons-y !

10

Racheter le temps

Comment passez-vous votre temps libre ?

En France, on passe en moyenne trois heures par jour devant la télé et deux heures et demi sur Internet. Les Français lisent aussi plus de livres, les ventes de livres ne cessent de croître ; entre 2010 et 2011, elles ont augmenté de presque 5%.

C'est un fait, notre société cherche toujours plus de temps libre : on fait le pont pour avoir de longs week-ends, nous avons aussi les RTT (les Réduction du Temps de Travail), on voyage mieux avec la nouvelle technologie, et pourtant 21% de la population met plus d'une heure pour se rendre à son travail. Et, dernier chiffre, le Francilien moyen (qui habite la région proche de Paris) passe deux jours et demi par an sur la route dans les bouchons de la circulation. [9]

C'est intéressant de connaître ces détails parce que nous avons beaucoup de temps. La question est la suivante : comment utilisons-nous notre temps ? Est-ce que nous l'utilisons, ou bien est-ce que nous sommes contrôlés par lui ?... parce qu'en fait nous courrons sans cesse après le temps. Que dit la Bible de ce sujet ?

Dans notre passage, nous verrons comment l'apôtre Paul organisait son temps, alors qu'il était en transit pour Rome, et qu'il avait deux ans devant lui, temps pendant lequel il n'eut pratiquement rien à faire, sauf attendre. C'est pendant cette période, qu'il écrivit à l'église d'Éphèse, et qu'il dit :

« Rachetez le temps, car les jours sont mauvais. » Paul nous montre comment il a racheté le temps. Premièrement, Paul rachetait le temps en voyageant, même chose pendant son temps à Rome, et pendant l'attente de son procès.

Du temps mort vers un temps enrichissant

Voyons d'abord, comment il fit sur son trajet pour Rome. Versets 11 à 13 : « Après un séjour de trois mois, nous nous embarquâmes sur un navire d'Alexandrie, qui avait passé l'hiver dans l'île, et qui portait pour enseigne les Dioscures. Ayant abordé à

---

[9] Selon les articles suivants : http://www.ipsos.fr/ipsos-public-affairs/sondages/francais-loisirs-et-nouvelles-technologies-vers-societe-d'entertainmen
http://www.french.hku.hk/dcmScreen/lang2043/tempslibre.htm
http://lafeuille.blog.lemonde.fr/2012/03/30/le-marche-du-livre-electronique-est-il-en-panne/

Syracuse, nous y restâmes trois jours. De là, en suivant la côte, nous atteignîmes Reggio; et, le vent du midi s'étant levé le lendemain, nous fîmes en deux jours le trajet jusqu'à Pouzzoles, »

Dès qu'ils le purent, ils entreprirent ce voyage, du reste beaucoup moins dangereux. Si Luc mentionne l'enseigne du bateau, c'est qu'il a une raison : les Dioscures sont les divinités protectrices des marins. Bien sûr, il y a là une certaine ironie de la part de Luc. Souvenez-vous qu'ils venaient de faire naufrage sur une île, et que, maintenant, ils s'en vont aller sains et saufs jusqu'à la destination que Jésus leur a indiquée auparavant.

Dès qu'ils le purent, ils embarquèrent pour Rome, et en profitèrent aussi pour passer un peu de temps en communion avec des frères. Regardez le verset 14 : « où nous trouvâmes des frères qui nous prièrent de passer sept jours avec eux. Et c'est ainsi que nous allâmes à Rome. De Rome vinrent à notre rencontre, jusqu'au Forum d'Appius et aux Trois Tavernes, les frères qui avaient entendu parler de nous. Paul, en les voyant, rendit grâces à Dieu, et prit courage. »

Pouzzoles était un grand port où ils pouvaient décharger la cargaison. Quand on sait que ces navires pouvaient transporter des tonnes de marchandises, et des centaines de personnes, cela pouvait prendre un peu de temps pour le décharger. Dans le texte on voit que cela dura près d'une semaine, Paul en profita.

À ce moment-là, des frères vinrent les rejoindre. Paul sauta sur l'occasion. Il était toujours prisonnier, il devait donc demander la permission à ses gardes, mais comme le centenier avait déjà eu l'occasion de voir qu'il pouvait lui faire confiance - en effet, Paul leur avait sauvé la vie - ils étaient devenus amis, et en tant qu'officier romain il avait des tâches administratives à accomplir lorsqu'il entrait sur le territoire romain, Paul put donc passer une semaine avec les frères et les sœurs.

Une semaine ! Des études bibliques, des temps de prière et de partage, en communion fraternelle...

Qu'aurait-il aurait pu faire d'autre ? Rester sur place et ne rien faire pendant une semaine. Loin de là ! Dès que l'occasion se présentait, il la saisit et alla de l'avant.

Après cela, ils firent ensemble chemin vers Rome. C'est un autre exemple qui nous montre comment il rachetait le temps. Évidemment, il avait plein de choses à leur dire : il avait déjà écrit l'épître aux Romains, et maintenant qu'il était face à eux, malgré le manque de temps, il s'investit et permit que se développe une communion fraternelle.

Paul en fut encouragé et rendit grâce pour cela, tout comme cette petite communauté dut certainement remercier Dieu pour l'apôtre Paul. Ainsi, au lieu de s'ennuyer pendant le temps mort à Pouzzoles, ils saisirent le l'instant, rachetèrent le temps, et tous reçurent une véritable bénédiction.

Un maître d'organisation

Arrivé à Rome, même constance. Regardons des versets 16 à 22 : « Lorsque nous fûmes arrivés à Rome, on permit à Paul de demeurer en son particulier, avec un soldat qui le gardait.

Au bout de trois jours, Paul convoqua les principaux des Juifs; et, quand ils furent réunis, il leur adressa ces paroles: Hommes frères, sans avoir rien fait contre le peuple ni contre les coutumes de nos pères, j'ai été mis en prison à Jérusalem et livré de là entre les mains des Romains. Après m'avoir interrogé, ils voulaient me relâcher, parce qu'il n'y avait en moi rien qui méritât la mort. Mais les Juifs s'y opposèrent, et j'ai été forcé d'en appeler à César, n'ayant du reste aucun dessein d'accuser ma nation. Voilà pourquoi j'ai demandé à vous voir et à vous parler; car c'est à cause de l'espérance d'Israël que je porte cette chaîne.

Ils lui répondirent: Nous n'avons reçu de Judée aucune lettre à ton sujet, et il n'est venu aucun frère qui ait rapporté ou dit du mal de toi. Mais nous voudrions apprendre de toi ce que tu penses, car nous savons que cette secte rencontre partout de l'opposition. »

Trois jours après son arrivée à Rome, il organisa une réunion avec des Juifs, probablement des chefs de la synagogue. Réfléchissez un peu à ce que cela voulait dire : il arriva à Rome, était enchaîné, eut droit à son propre logement, avec une garde plus que réduite – un seul garde - quelle liberté ! Et en seulement trois jours, il avait déjà contacté les chefs religieux de la ville, et il les faisait venir chez lui.

Il est évident que Paul était un homme organisé ; tous ces événements se déroulèrent extraordinairement vite pour son époque. Mais cela nous montre que c'était lui qui maîtrisait son temps et pas l'inverse. Même de nos jours, avec tout le confort moderne que nous avons, il est très rare que des gens organisent une réunion de cette ampleur, trois jours après avoir déménagé !

Il avait besoin de leur parler. Bien sûr, pour leur partager l'Evangile, mais aussi parce qu'il désirait témoigner de sa solidarité. Le peuple Juif n'était pas toujours apprécié par les Romains, en fait, ils ont déjà été expulsés en l'année 41 par l'Empereur Claude. Une quinzaine d'années après ces faits, César enverra des armées pour détruire la Judée, et Jérusalem. Il le fit parce qu'il y avait de plus en plus de perturbations à cause des Zélotes, les extrémistes de leur époque.

Ces auditeurs voulaient savoir une chose : Paul, que faisait-il là? Pourquoi devait-il parler à César ? Son but était-il de faire chavirer toute la nation ? Allait-il exciter les sentiments antagonistes des Romains envers notre peuple ?

Paul répondit : Non ! Ce n'est pas pour cela qu'il se trouvait face à eux. En fait, il avait faussement été accusé, et n'avait aucune intention de scandaliser son peuple, au contraire, s'il était là, c'était à cause de l'espérance d'Israël. C'était loin d'être une phrase prise au hasard. Paul savait de Qui il parlait !

Paul, homme très organisé, avait sans aucun doute prévu cette réunion pour apaiser leurs peurs. Ce fut aussi consciemment qu'il s'exprima ainsi ; pour susciter une réflexion : « qu'est-ce que c'est que l'espérance d'Israël ? » Etaient-ils intéressés ? Paul était tout prêt à leur expliquer et nous pouvons presque l'entendre dire : « Je suis heureux que vous ayez demandé ! C'est justement pour cela que je suis ici ! »

En effet, Paul put leur parler de l'Evangile et décida même de fixer un autre rendez-vous pour éclaircir certains éléments.

A propos de l'espérance d'Israël

Faisons une petite pause, parce que nous venons de voir quelque chose d'extrêmement important : lorsque Paul parlait de Jésus, il utilisait les mots « espérance d'Israël ». Il construit un pont vers eux ; il parlait ainsi de Jésus de manière à ce qu'ils puissent comprendre. Leur espérance, leur Messie ; depuis leur enfance, c'était ce dont ils avaient entendu parler. Si Jésus était l'espérance d'Israël, ils voulurent en savoir plus !

N'oubliez pas que ce fut en Israël que l'Evangile commença. Dieu se manifesta et Abraham reçut les promesses. Il est le patriarche, sa descendance donna naissance au fils de la promesse, et la Bible nous dit qu'il est le père de tous ceux qui marchent par la foi. C'est grâce à lui que toutes les nations de la terre seront bénies et, en fait c'est par Jésus qu'elles sont bénies. Nous savons que Abraham était heureux à la pensée de voir Jésus comme il est dit en Jean 8, verset 56, Jésus nous dit : « Abraham, votre père, a tressailli de joie de ce qu'il verrait mon jour: il l'a vu, et il s'est réjoui. Les Juifs lui dirent: Tu n'as pas encore cinquante ans, et tu as vu Abraham ! Jésus leur dit: En vérité, en vérité, je vous le dis, avant qu'Abraham fût, je suis. »

Il parla comme s'Il avait vu Abraham... parce qu'Il avait réellement vu Abraham ! Il est le Fils de Dieu, Il est Dieu incarné, Il n'a ni commencement ni fin. Il était là quand Abraham reçut les promesses. En fait, Abraham les reçut de Lui, Il savait très bien qu'Abraham se réjouissait de voir ce jour ; le jour où le Messie viendrait.

C'est ce que Jésus dit aux Juifs dans le temple et c'est pour cela qu'ils se mirent en colère. Ils lui dirent : « Tu n'as pas encore cinquante ans, et tu as vu Abraham ! » Ce à quoi Il répondit : « Avant qu'Abraham fût – c'est-à-dire avant qu'il naisse – Moi, Je Suis ! »

Cela les renvoie à Moïse. Lorsque Moïse vit l'Eternel dans le buisson ardent, il entendit l'Eternel lui dire : « Je suis Qui Je Suis ». Jésus est donc en train de dire à Sa nation : Je Suis Dieu.

Puisque nous parlons de l'espérance d'Israël... Aujourd'hui comme à l'époque de Paul, l'espérance d'Israël c'était de mériter l'approbation de Dieu. Ils s'y efforcèrent en suivant la loi et en faisant de bonnes œuvres.

Moïse a fidèlement communiqué la loi, mais ce n'est pas Moïse qui justifie quelqu'un devant la loi, parce que en fait la loi nous condamne. La loi nous dit : voilà ce qu'il faut faire et ce qui ne faut pas faire. Or, nous savons tous qu'il n'y a personne qui puisse dire : « Moi, je suis quitte, je suis innocent vis à vis de la loi ».

La loi nous montre ce qui est vrai et ce qui est juste, mais elle ne nous donne pas la force pour obéir. C'est Jésus qui nous donne cette force, parce qu'Il a tout accompli.

En Jean 5, verset 45, Jésus parle de Moïse en disant : « Ne pensez pas que moi je vous accuserai devant le Père; celui qui vous accuse, c'est Moïse, en qui vous avez mis votre espérance. Car si vous croyiez Moïse, vous me croiriez aussi, parce qu'il a écrit de moi. »

Avant cela, au verset 39 Il avait dit : « Vous sondez les Écritures, parce que vous pensez avoir en elles la vie éternelle: ce sont elles qui rendent témoignage de moi. »

L'Ecriture parle de Jésus. Il est le centre de tout ce qui a été écrit. Nous pouvons le voir dans tous les passages de la Loi (les cinq premiers livres de la Bible), et c'est en croyant en Lui que nous sommes sauvés. C'est Lui qui est l'espérance d'Israël. Il est l'espérance de toutes les nations.

C'est pourquoi, l'Evangile doit être présenté à Israël d'abord, mais Il est pour toutes les nations. Pour que toute personne qui croit en Lui, quelle que soit sa nation, quelles que soient ses origines, ou sa place dans la société, que vous soyez un homme ou une femme, pas de favoritisme, vous pouvez connaître la vie éternelle en Jésus-Christ. C'est Jésus Lui-même qui l'a promis.

Il est Dieu incarné, la seule personne sur terre qui ait fait ce genre de proclamation, qu'Il a prouvée par Sa mort et par Sa résurrection.

Les grands débats de la foi

Dès qu'il le pouvait, Paul commençait à expliquer tout cela en détails. Regardez ce qui se passe ; verset 23 à verset 29 : « Ils lui fixèrent un jour, et plusieurs vinrent le trouver dans son logis. Paul leur annonça le royaume de Dieu, en rendant témoignage, et en cherchant, par la loi de Moïse et par les prophètes, à les persuader de ce qui concerne Jésus. L'entretien dura depuis le matin jusqu'au soir.

Les uns furent persuadés par ce qu'il disait, et les autres ne crurent point. Comme ils se retiraient en désaccord, Paul n'ajouta que ces mots: C'est avec raison que le Saint-Esprit, parlant à vos pères par le prophète Ésaïe, a dit: Va vers ce peuple, et dis:
Vous entendrez de vos oreilles, et vous ne comprendrez point;
Vous regarderez de vos yeux, et vous ne verrez point.
Car le cœur de ce peuple est devenu insensible;
Ils ont endurci leurs oreilles, et ils ont fermé leurs yeux,
De peur qu'ils ne voient de leurs yeux, qu'ils n'entendent de leurs oreilles,
Qu'ils ne comprennent de leur cœur,
Qu'ils ne se convertissent, et que je ne les guérisse.
Sachez donc que ce salut de Dieu a été envoyé aux païens, et qu'ils l'écouteront.
Lorsqu'il eut dit cela, les Juifs s'en allèrent, discutant vivement entre eux. »

Paul commençait de bon matin, et il leur expliquait tout ce qui concernait Moïse et les prophètes. On peut l'imaginer : malgré ses chaînes, ils mangeaient ensemble, ils parlaient, il exposait tout et répondait à leurs questions... et le garde romain, que faisait-il ? Toute la journée se passait ainsi, en écoutant passivement de grands débats de la foi !

Puis le texte dit, que certains commencèrent à croire, mais que d'autres refusèrent car ils ne voulaient pas croire. Les autres essayèrent de les influencer, mais que faisait Paul ? Il se retirait. Nous avons tout le livre des Actes pour nous apprendre que chaque fois, ce genre de chose tournait mal et provoquait des émeutes... donc il se retira en citant le passage d'Ésaïe que le Seigneur Lui-même avait cité lorsqu'Il leur parlait en paraboles, c'est-à-dire : Ce peuple est vraiment devenu lent à comprendre, ils ne veulent pas ouvrir les yeux, alors il illustra ses propos. Et si finalement, ils refusaient, s'ils ne voulaient pas voir et entendre la Parole de Dieu !

Paul fit la même chose, il leur dit que s'ils ne voulaient pas entendre, lui, il irait chez les Païens et eux, ils la recevront.

Tout cela relevait un point important : Le salut est venu. L'espérance d'Israël et de toutes les nations est là. Il suffit de se repentir et de mettre sa foi en Lui pour avoir la vie.

Et si la porte semble fermée ?

Ensuite Paul fit quelque chose qui concerne notre thème et qui nous touche. Il avait passé toute une journée avec eux, il ne savait pas quand il allait comparaître devant César, il ne savait même pas s'il allait survivre à cette rencontre avec César, mais il profita de l'occasion. Lorsqu'il vit que les portes étaient fermées, il se tourna dans une autre direction. Il alla là où des choses se passaient, là où on portait du fruit. Il n'abandonna pas, toujours maître de son temps, et il continua jusqu'à ce qu'il vive un résultat.

Les deux versets restants sont intéressants. Regardez : « Paul demeura deux ans entiers dans une maison qu'il avait louée. Il recevait tous ceux qui venaient le voir, prêchant le royaume de Dieu et enseignant ce qui concerne le Seigneur Jésus-Christ, en toute liberté et sans obstacle. »

Il rachetait le temps en attendant son procès. Il ouvrit sa porte à tous ceux qui voulaient entrer. Il était prêt à prêcher la bonne nouvelle à tous ceux qui voulaient l'entendre. Il reçut de nombreuses personnes, toujours sous surveillance d'un garde romain, et nous pouvons imaginer que tous les gardes romains l'entendirent! Ce petit logement à Rome devint un petit local d'église ; évidemment c'est très loin de la

Basilique de Saint-Pierre d'aujourd'hui, mais certainement plus glorieux d'une autre manière, puisque c'était l'apôtre Paul qui y enseignait.

En outre il racheta aussi le temps d'une autre manière : au lieu de se tourner les pouces, il trouva le temps d'écrire des lettres à plusieurs églises, à l'église d'Éphèse, de Philippes, de Colosses, et aussi la lettre à Philémon. Sachant qu'il avait aussi des tâches de la vie de tous les jours à accomplir, comme tout le monde, qu'il devait préparer son procès, c'était sans aucun doute un homme très occupé. Pendant ce temps où il ne savait pas quand il allait comparaître devant César, il partagea l'Evangile avec tous ceux qui venaient chez lui, il écrivit des œuvres monumentales.

Si vous regardez rapidement dans les lettres aux Éphésiens, aux Philippiens et aux Colossiens, vous verrez leur profondeur théologique. Elles venaient de quelqu'un qui arrivait, sans doute, à la fin de sa vie, et qui avait le temps de réfléchir, de prier. Elles sont vraiment extraordinaires du point de vue spirituel et vous verrez aussi, que ce sont des lettres très pratiques qui nous donnent des instructions très claires pour vivre notre vie chrétienne dans ce monde. Tout au long, il exerça l'hospitalité, il écrivit ses lettres, il parla librement, il maîtrisa son temps, il racheta son temps.

Même un peuple distrait peut apprendre à maîtriser son temps

Dans les derniers versets du livre des Actes, nous avons vu comment l'apôtre Paul rachète son temps pour l'Evangile. Évidemment il était occupé, mais il ne permettait pas aux inquiétudes de la vie, aux imprévus, aux contraintes que nous avons tous, de voler ce qui était le plus important. Il a su racheter le temps ! Il gardait les yeux fixés sur le Sauveur, il partageait sa foi avec d'autres.

On dit parfois que le livre des Actes n'est pas tout à fait terminé, et que l'Eglise d'aujourd'hui écrit le chapitre 29. Ce n'est peut-être pas faux, parce que nous continuons sur le fondement des apôtres, remplis par le même Saint-Esprit de Dieu. Nous nous édifions sur la Parole de Dieu, et, nous aussi aujourd'hui, nous pouvons maîtriser notre temps. Dans notre monde physique, nous avons de meilleurs outils ; mais surtout nous avons toujours l'Esprit-Saint ; sachons faire la part des choses et prenons exemple sur Paul.

En y réfléchissant honnêtement, ce qui nous éloigne du but, la chose qui revient sans cesse ce sont les distractions. À Paris, comme partout en France, nous sommes un peuple très distrait. Nous sommes très gâtés, ici nous avons le choix du roi. Dans le métro, nous avons d'énormes affiches qui nous disent tout ce qu'il faut acheter, comment il faut s'habiller, et comment réussir sa vie. Nous avons tout un tas de choses à lire, et la technologie pour nous aider... Vous voyez ? Nous sommes très distraits !

Alors, que faisons-nous de notre temps ? Si on veut servir le Seigneur, c'est une bonne chose. Ce n'est pas nécessaire de devenir pasteur à temps plein mais si on n'arrive jamais à se mettre à son service à cause des petites contraintes, on peut se demander pourquoi. Comme quelqu'un dirait : « Tu vois, Seigneur, mais je travaille ! » On lui répondrait que cela fait 40 heures de moins par semaine ;

D'autres personnes diraient : « Seigneur, Tu vois je suis dans le métro et j'écoute cet album que je viens d'acheter, ou ce podcast ! » On calcule et cela fait trente minutes à une heure de moins par jour ; mais si la personne ajoute : « Et puis, ce soir, il y a 'Masterchef' à la télé, il faut absolument que je le voie ! ... Et je dois me lever tôt le matin, parce que nous avons cette réunion importante demain ! » On répondrait qu'il reste le temps des RTT...

Mais s'il disait : « Oh, mais non ! Je voulais faire ce merveilleux voyage ! » Aurait-il plus du temps libre lors de son retour ou s'agit-il d'une question de ses priorités ?

Vous voyez que d'excuses en excuses on peut avoir des difficultés à maîtriser le temps ? Combien de temps nous reste-t-il pour servir le Seigneur ?

C'est pour cela que Paul a dit : « Rachetez le temps, car les jours sont mauvais. »

Nous ne savons pas combien de temps il nous reste sur Terre. Le Seigneur peut revenir à tout moment et même si le Seigneur ne revenait pas aujourd'hui ou demain, personne ne connaît le jour de sa mort. Quoiqu'il en soit, nous savons que le Seigneur est là ! Tant que nous sommes vivants, nous pouvons profiter de Sa présence et chercher Sa face. C'est ainsi qu'il nous enseigne à maîtriser notre temps. En fait, c'est Moïse qui nous dit que c'est possible. C'est lui qui a prié le Seigneur à l'aider dans ce domaine en Psaumes 90, verset 12 « Enseigne-nous à bien compter nos jours, Afin que nous appliquions notre cœur à la sagesse. ».

Pensez-y... quand vous vous réveillez le matin, même si vous êtes en retard, priez: « Seigneur, que Ta volonté soit faite ! Dirige-moi, remplis-moi du Saint-Esprit ! » Le Seigneur ne va-t-il pas intervenir dans nos vies pour que nous puissions voir des choses miraculeuses ? Si nous prenions le temps, si nous créions le temps dans nos journées bien chargées, ne verrions-nous pas le Seigneur plus à l'œuvre que jamais ? C'est ainsi qu'Il peut nous apprendre à compter nos jours et à avoir un cœur plus sage. C'est cette sagesse qui nous aidera à racheter le temps.

De A à Z, la source c'est le Seigneur, alors par la force qu'il nous donne, rachetons le temps, car « les jours sont mauvais ».

Conclusion

Comment gérer notre vie malgré les circonstances ? L'apôtre Paul nous offre un bel exemple dans Actes, chapitres 20 à 28. Même si la grande majorité d'entre nous ne connaît pas le même niveau d'épreuves que lui, nous ressentons tous les mêmes sentiments intenses. Quelle est la boussole de notre âme, quel est le principe à suivre ? Revenons à ce que Paul a dit lui-même pendant son séjour en prison :

Philippiens chapitre 1, versets 20b et 21 « maintenant comme toujours, Christ sera glorifié dans mon corps avec une pleine assurance, soit par ma vie, soit par ma mort; car Christ est ma vie, et la mort m'est un gain. »

En toute circonstance, en toute épreuve, malgré l'imprévu, il voulait connaître Christ. Il voulait connaître son avis sur la situation et son plan d'action pour en sortir. Même s'il devait souffrir une perte quelconque, il cherchait à ce que Christ soit magnifié au travers de son comportement. Christ qui a tout donné, alors qu'on se moquait de Lui, a pardonné alors qu'il savait qu'on allait retomber dans les mêmes erreurs. Christ se levait tôt le matin pour prier avant que les autres ne se lèvent, Christ imitait tout ce qu'il avait vu chez le Père. Christ était l'Homme le plus rempli de l'Esprit Saint, Christ ne faisait pas de favoritisme mais mangeait avec les indésirables de la société. Christ nous encourage à avancer en Lui chaque moment de notre séjour sur terre, Christ nous accueille les bras ouverts et les mains cicatrisées par le prix de notre péché et nous le rejoindrons à la fin de nos jours.

Finalement, nous ne pouvons faire mieux que de chercher à connaître Christ.

Ce n'est pas pour obtenir un certain niveau de connaissance, un acquis qui nous pousse au-dessus des autres. C'est un mode de vie qui nous équilibre malgré tout imprévu et qui nous conduit toujours dans la volonté de Dieu. Dieu, que veut-il si ce n'est que nous le connaissions en acte, en parole et du fond de notre cœur.

Pour ce qui est des regrets, des remords, des « si j'avais su », Paul réplique toujours dans sa lettre aux Philippiens chapitre 3, versets 12 à 14 : « Ce n'est pas que j'aie déjà remporté le prix, ou que j'aie déjà atteint la perfection; mais je cours, pour tâcher de le saisir, puisque moi aussi j'ai été saisi par Jésus-Christ. Frères, je ne pense pas l'avoir saisi; mais je fais une chose: oubliant ce qui est en arrière et me portant vers ce qui est en avant, je cours vers le but, pour remporter le prix de la vocation céleste de Dieu en Jésus-Christ. » Soyons encouragés! Saisis par Christ, continuons d'avancer !

Lui, notre vie, nous aidera dans tout imprévu car, pour Lui, rien n'est impossible. Si nous le laissions diriger nos pas, ne trouverons-nous pas son sourire d'approbation et l'éternelle récompense de l'entendre dire « bien, bon et fidèle serviteur, entre dans la joie de ton maître. »

Table des Matières

Introduction	1
1. Pressés !	4
2. Les amitiés et les « au revoir »	14
3. La Famille de Dieu	23
4. Avoir une vision parfaite	32
5. Jésus nous donne du courage	43
6. S'attendre à Dieu	53
7. L'espoir qui change tout	66
8. Dieu veille sur nous, même dans la tempête	73
9. La Philanthropie et l'Evangile	84
10. Racheter le temps	92
Conclusion	102

Oui, je veux morebooks!

i want morebooks!

Buy your books fast and straightforward online - at one of world's fastest growing online book stores! Environmentally sound due to Print-on-Demand technologies.

Buy your books online at
www.get-morebooks.com

Achetez vos livres en ligne, vite et bien, sur l'une des librairies en ligne les plus performantes au monde!
En protégeant nos ressources et notre environnement grâce à l'impression à la demande.

La librairie en ligne pour acheter plus vite
www.morebooks.fr

VDM Verlagsservicegesellschaft mbH
Heinrich-Böcking-Str. 6-8
D - 66121 Saarbrücken

Telefon: +49 681 3720 174
Telefax: +49 681 3720 1749

info@vdm-vsg.de
www.vdm-vsg.de

www.ingramcontent.com/pod-product-compliance
Lightning Source LLC
Chambersburg PA
CBHW020807160426
43192CB00006B/478